Inhaltsverzeichnis

Vorwort

Ankunft in Deutschland

Arbeiten in Deutschland

Leben in Deutschland

Vorwort

Das vorliegende Buch **Langenscheidt Deutsch auf dem Amt** enthält die 1.000 wichtigsten deutschen Begriffe und Wendungen, die Sie bei Behördengängen und beim Verstehen und Verfassen von Korrespondenz mit Ämtern benötigen, von recht einfachen Begriffen bis hin zu typischem Amtsdeutsch. Sie werden auf Deutsch erklärt und in vier Sprachen übersetzt – Arabisch und Persisch als bedeutende Einwanderersprachen, Englisch und Französisch als wichtige Verkehrssprachen. Es ist sowohl für Migranten mit Grundkenntnissen des Deutschen als auch für ehrenamtliche und hauptamtliche Unterstützer geeignet, die die Begriffe in einfacher deutscher Sprache erklären möchten.

Das Buch ist in verschiedene Kapitel untergliedert, von Themen rund um die Ankunft und den Aufenthalt in Deutschland bis hin zur Arbeitswelt und Wohnungssuche. Innerhalb eines Kapitels sind die Wörter alphabetisch sortiert. Das alphabetische Register am Ende des Buches hilft Ihnen, ein gesuchtes Wort rasch in einem der Kapitel zu finden.

Männliche und weibliche Formen von Substantiven sind in voller Länge aufgeführt. Jeder Begriff ist in vier Sprachen übersetzt (in der Reihenfolge Englisch, Französisch, Arabisch, Persisch) und in einfachem Deutsch erklärt:

der **Antragsteller**, die **Antragstellerin**	jemand, der eine Behörde schriftlich darum gebeten hat, etwas zu genehmigen
applicant	
le demandeur, la demandeuse	
مقدم(ة) الطلب	
متقاضى	

Auch für wichtige Wendungen finden Sie eine Formulierung in einfacher deutscher Sprache:

Es ergehen folgende Anordnungen: ...	Das muss gemacht werden: ...

Der in den Definitionen verwendete Wortschatz entspricht den Niveaus A1 bis B1 des Gemeinsamen Europäischen Referenzrahmens für Sprachen. Ein Pfeil innerhalb einer Erklärung verweist darauf, dass der Begriff, der eventuell einem höheren Deutsch-Niveau entspricht, im Buch erklärt und übersetzt ist:

der **Aufenthaltstitel**	ein Dokument für die
residence permit	→ **Einreise** und den Aufenthalt
le titre de séjour	in Deutschland oder einem
صفة الإقامة	anderen → **EU-Land**
عنوان اقامت	

Bei den Erklärungen der Begriffe und Wendungen handelt es sich um sprachliche Erläuterungen, die helfen sollen, den deutschen Begriff zu verstehen und richtig anzuwenden, und nicht um juristische Definitionen. Ein Sternchen (*) am Ende einer Erklärung weist darauf hin, dass es sich hier um einen juristischen Begriff handelt, zu dem Sie ausführlichere und exakte rechtliche Definitionen in anderen Quellen finden.

Die Langenscheidt-Redaktion

Foreword

This book, **Langenscheidt Deutsch auf dem Amt**, contains the 1,000 most important German terms and phrases that you will need when dealing with the authorities and to enable you to understand and draft correspondence with officials, from very simple terms to typical official German. They are explained in German and translated into four languages – Arabic and Persian as major migrant languages and English and French as key common languages. It is aimed both at migrants with a basic knowledge of German and voluntary and full-time supporters looking to explain the terms in simple German.

The book is divided into various chapters, from topics relating to arriving and residing in Germany to the world of work and looking for accommodation. Words are sorted alphabetically within the chapters. The alphabetical index at the end of the book will help you to quickly find the word you are looking for in one of the chapters.

Male and female forms of German nouns are listed in full length. Each term is translated into four languages (English, French, Arabic, Persian) and explained in simple German:

der **Antragsteller**, die **Antragstellerin**	jemand, der eine Behörde schriftlich darum gebeten hat, etwas zu genehmigen
applicant	
le demandeur, la demandeuse	
مقدم(ة) الطلب	
متقاضى	

Key phrases have also been rephrased in simple German:

Es ergehen folgende Anordnungen: ...	Das muss gemacht werden: ...

The vocabulary used in the definitions corresponds to levels A1 to B1 of the Common European Framework of Reference for Languages. An arrow within an explanation indicates that the term, which may correspond to a higher level of German, is explained and translated in the book:

der **Aufenthaltstitel**	ein Dokument für die
residence permit	→ **Einreise** und den Aufenthalt
le titre de séjour	in Deutschland oder einem
صفة الإقامة	anderen → **EU-Land**
عنوان اقامت	

The explanations of the terms and phrases are linguistic explanations aimed at aiding comprehension and correct use of the German term and are not legal definitions. An asterisk (*) at the end of an explanation indicates that this is a legal term for which you can find more detailed and accurate legal definitions in other sources.

The Langenscheidt Editorial Department

Ankunft in Deutschland

Wichtige Ämter

die **Agentur für Arbeit**	die Behörde, die bei der Suche nach einer Arbeit hilft und das → **Arbeitslosengeld** zahlt *offiziell:* die → **Bundesagentur für Arbeit**
job centre	
l'agence pour l'emploi	
وكالة التوظيف	
ادارهٔ کار	

das **Ausländeramt (ALA)**	ein Amt für Ausländer, die keinen → **unbefristeten** Aufenthalt in Deutschland haben, auch für → **Abschiebungen** zuständig
immigration office	
le service des étrangers	
مكتب الأجانب	
ادارهٔ اتباع خارجی	

die **Ausländerbehörde (ABH)**	ein Amt für Ausländer, die keinen → **unbefristeten** Aufenthalt in Deutschland haben, auch für → **Abschiebungen** zuständig
immigration office	
le service des étrangers	
مكتب الأجانب	
ادارهٔ اتباع خارجی	

die **Bundesagentur für Arbeit (BA)**	die Behörde, die bei der Suche nach einer Arbeit hilft und das → **Arbeitslosengeld** zahlt *kurz:* die → **Agentur für Arbeit**
job centre	
l'agence pour l'emploi	
وكالة التوظيف	
ادارهٔ کار	

das **Bundesamt für Migration und Flüchtlinge (BAMF)**	
Federal Office for Migration and Refugees	das Amt für das → **Asylverfahren** in Deutschland
l'Office fédéral pour les migrations et les réfugiés	
مكتب شؤون الهجرة واللاجئين	
ادارۀ امور مهاجران و پناهجویان	

das **Einwohnermeldeamt**	
residents' registration office	die Behörde in einer Gemeinde, bei der man seinen Wohnsitz angeben muss *auch:* die → **Meldebehörde**
l'office des habitants	
مصلحة تسجيل السكان	
ادارۀ ثبت محل سكونت	

das **Finanzamt**	
tax office	das Amt, an das die Steuern gezahlt werden
le fisc	
مصلحة الضرائب	
ادارۀ ماليات	

das **Jugendamt**	
youth welfare department	das Amt in einem → **Landkreis**, das Kindern, Jugendlichen und Eltern hilft und sie berät
le service d'aide sociale à l'enfance	
إدارة رعاية الشباب	
ادارۀ امور جوانان	

der Jugendmigrationsdienst (JMD)	ein Dienst, der Migranten im Alter von 12-27 Jahren unterstützt
Youth Migration Service	
les services de réfugiés mineurs	
خدمات الشباب المهاجر	
دفتر امور مهاجران جوان	
die Kommunalverwaltung	alle Ämter und Behörden in einer Gemeinde
local administrative unit	
la municipalité	
سلطة البلدية	
ادارهٔ خدمات شهری	
das Landratsamt (LRA)	die Verwaltung eines → **Landkreises**
≈ district office	
≈ la sous-préfecture	
إدارة شورى المنطقة	
بخشداری	
die Meldebehörde	die Behörde in einer Gemeinde, bei der man seinen Wohnsitz angeben muss *auch:* das → **Einwohnermeldeamt**
registration authorities	
le bureau des déclarations	
مصلحة التسجيل	
ادارهٔ ثبت	
die Migrationsberatung für erwachsene Zuwanderer (MBE)	eine Beratung für Migranten ab 27 Jahren
migration counselling service	
le conseil en immigration pour adultes	
تقديم استشارات للمهاجرين الكبار	
مشاوره برای مهاجران بزرگسال	

das **Rathaus**	
town/city hall	das Gebäude, in dem die Verwaltung einer Gemeinde ist
la mairie	
دار البلدية	
شهرداری	

das **Sozialamt**	
social security office	die Behörde, die für Hilfe in finanziellen Dingen und Beratung zuständig ist, und bei der man die → **Sozialhilfe** bekommt
le bureau d'aide sociale	
مصلحة الشؤون الاجتماعية	
ادارهٔ تأمین اجتماعی	

das **Standesamt**	
registry office	die Behörde, auf der man heiratet und der man Geburten und Todesfälle meldet
le bureau de l'état civil	
مكتب الأحوال الشخصية/المدنية	
ادارهٔ ثبت احوال	

das **Verwaltungsgericht**	
administrative court	das Gericht, bei dem (z. B.) eine → **Klage** gegen eine negative Entscheidung im → **Asylverfahren** eingereicht wird (→ **einreichen**)
le tribunal administratif	
محكمة إدارية	
دادگاه اداری	

die **Zentrale Ausländerbehörde (ZAB)**	
central immigration office	ein Amt für Ausländer, die keinen → **unbefristeten** Aufenthalt in Deutschland haben, auch für → **Abschiebungen** zuständig
le service central des étrangers	
المصلحة المركزية لشؤون الأجانب	
ادارهٔ مرکزی اتباع خارجی	

Staatsstruktur

der **Bund**	
federation	der gesamte Staat im Gegensatz zu den einzelnen Bundesländern, wie z. B. in der Bundesrepublik Deutschland
la fédération	
اتحاد	
دولت فدرال	

das **Bundesland**	
state	eine Teil Deutschlands, der eine eigene Regierung hat, über dem aber der → **Bund** steht (z. B. Bayern, Brandenburg, Hessen usw.)
le land	
ولاية اتحادية	
ايالت	

die **Gemeinde**	
local authority district	ein Gebiet mit eigener Verwaltung
la commune	*auch:* die → **Kommune**
بلدية	
ناحيه	

die **Kommune**	
local authority district	ein Gebiet mit eigener Verwaltung
la commune	*auch:* die → **Gemeinde**
بلدية	
ناحيه	

der **Kreis**	
≈ administrative district	ein Gebiet mit mehreren Dörfern oder/und kleinen Städten, die zusammen verwaltet werden
≈ le district	*auch:* der → **Landkreis**
منطقة	
بخش	

die **kreisfreie Stadt**	
independent town	eine Stadt, die zu keinem
la ville-arrondissement	→ **Landkreis** gehört, sondern
مدينة حرة	selbstständig ist
شهر مستقل از بخش	

das **Land**	
state	eine Teil Deutschlands, der eine
le land	eigene Regierung hat, über
ولاية اتحادية	dem aber der → **Bund** steht
ايالت	(z. B. Bayern, Brandenburg, Hessen usw.)

der **Landkreis**	
≈ administrative district	ein Gebiet mit mehreren
≈ le district	Dörfern oder/und kleinen
منطقة	Städten, die zusammmen verwaltet werden
بخش	*auch:* der → **Kreis**

der **Regierungsbezirk**	
≈ region	eine Region (mit mehreren
la division administrative	Städten und → **Landkreisen**),
مقاطعة	die dieselbe Verwaltung hat
حوزهٔ اداری	

der **Stadtstaat**	
city state	eine Stadt mit den gleichen
la ville-État	Rechten und Pflichten wie ein
المدينة الدولة	Bundesland
دولت‌شهر	

Allgemeiner Wortschatz auf Behörden

die **Abschrift**	
copy	eine genau gleiche Abbildung von etwas
la copie	
نسخة	
رونوشت	

der **Absender**, die **Absenderin**	
sender	die Person, die einen Brief oder eine E-Mail geschickt hat
l'expéditeur, l'expéditrice	
المرسِل(ة)	
فرستنده	

das **Amt**	
office	eine offizielle Einrichtung, die sich mit der Verwaltung des Staates beschäftigt
l'agence publique	
الإدارة	
اداره	

amtlich	
official	von einem Amt oder einer Behörde
officiel	
رسمي	
اداری	

anfordern	
to require	etwas verlangen oder bestellen
demander	
طلب	
درخواست کردن	

angeben	
to indicate	
indiquer	Informationen mitteilen
ذكر	
ذكر كردن	

anmelden	mit jemandem einen Termin
to register	vereinbaren
déclarer	*oder* eine Person oder eine
سجل	Sache bei einer Behörde
ثبت نام کردن	eintragen lassen

anordnen	
to order	
ordonner	sagen, dass jemand etwas tun
أمر	muss
دستور دادن	

die **Anordnung**	
order	
l'ordre	eine Bitte, der man folgen muss
أمر	
دستور	

der **Ansprechpartner**, die **Ansprechpartnerin**	
contact	die Person, die man in einer
l'interlocuteur, l'interlocutrice	bestimmten Sache ansprechen
جهة الاتصال	kann
طرف تماس	

der **Antrag**	
application	die schriftliche Bitte an eine Behörde, etwas zu genehmigen
la requête	
طلب	
درخواست	

der **Antragsteller**, die **Antragstellerin**	
applicant	jemand, der eine Behörde schriftlich darum gebeten hat, etwas zu genehmigen
le demandeur, la demandeuse	
مقدم(ة) الطلب	
متقاضی	

auffordern	
to ask	sagen, dass jemand etwas tun soll
sommer	
طالب (ب)	
تقاضا کردن	

die **Aufforderung**	
request	eine Bitte, der man folgen soll
la sommation	
مطالبة	
تقاضا	

der **Ausweis**	
identification	ein offizielles Dokument mit Angaben zu einer Person
la carte d'identité	
بطاقة إثبات الشخصية	
کارت شناسایی	

das **Ausweisdokument**	
identification document	ein Pass oder andere offizielle Papiere mit den Daten der Person
le document attestant l'identité	
مستند إثبات الهوية	
مدرک شناسایی	

sich **ausweisen**	
to identify oneself	den Ausweis zeigen
justifier son identité	
أثبت هويته	
مدارک شناسایی خود را نشان دادن	

barrierefrei	
barrier-free	ohne Treppen und Stufen, mit breiten Türen usw., besonders für Menschen im Rollstuhl geeignet
accessible aux handicapés	
متاح لذوي الاحتياجات الخاصة	
قابل دسترسی برای معلولان	

barrierefrei zugänglich	
accessible without barriers	ohne Treppen und Stufen, mit breiten Türen usw., besonders für Menschen im Rollstuhl geeignet
avec accès pour handicapés	
متاح لذوي الاحتياجات الخاصة	
قابل دسترسی برای معلولان	

beantragen	
to apply for	eine Behörde schriftlich bitten, etwas zu genehmigen
faire une demande de	
قدم طلبا ل	
تقاضا دادن	

bearbeiten	
to process	für eine bestimmte Sache verantwortlich sein, sie prüfen und eventuell darüber entscheiden
étudier	
درس	
رسیدگی کردن	

der **Bearbeiter**, die **Bearbeiterin**	die Person, die für eine bestimmte Sache verantwortlich ist, sie prüft und eventuell darüber entscheidet
official in charge	
la personne chargée	
مدة معالجة الملف	
مسئول پرونده	

die **Bearbeitungszeit**	die Dauer, bis eine bestimmte Sache geprüft und eventuell darüber entschieden ist
process(ing) time	
le temps nécéssaire pour traiter un dossier	
مدة معالجة الملف	
مدت‌زمان رسیدگی به پرونده	

befreien	erlauben, dass jemand eine Pflicht nicht erfüllen muss
to exempt	
exempter	
أعفى (من)	
معاف کردن	

die **Befreiung**	die Erlaubnis, dass jemand eine Pflicht nicht erfüllen muss
exemption	
l'exemption	
إعفاء (من)	
معافیت (از تعهد یا وظیفه)	

beglaubigen	mit einem Stempel und einer Unterschrift offiziell bestätigen, dass etwas echt oder dem Original gleich ist
to authenticate	
certifier	
صادق (على)	
تأیید رسمی کردن	

beglaubigt	mit offiziellem Stempel und einer Unterschrift, die bestätigen, dass etwas echt oder dem Original gleich ist
certified	
certifié	
مصادق عليه	
رسمی	

die beglaubigte Abschrift	die Kopie eines Textes, auf der mit Stempel und Unterschrift offiziell bestätigt ist, dass der Inhalt dem Original gleich ist
certified copy	
la copie certifiée conforme	
نسخة مصادق عليها	
رونوشت برابر اصل	

die beglaubigte Übersetzung	eine Übersetzung, auf der mit einem Stempel und einer Unterschrift offiziell bestätigt ist, dass der Inhalt dem Original gleich ist
certified translation	
la traduction certifiée	
ترجمة مصادق عليها	
ترجمۀ رسمی	

die Beglaubigung	eine offizielle Bestätigung mit einem Stempel und einer Unterschrift, dass etwas echt oder dem Original gleich ist
certification	
la certification conforme	
مصادقة (على)	
گواهی	

die Behörde	eine offizielle Einrichtung, die sich mit der Verwaltung des Staates beschäftigt
authority	
l'autorité	
مصلحة	
اداره	

der **Behördengang**	
visit to the authorities	
la démarche administrative	der Besuch einer Behörde
الذهاب للمصالح الحكومية	
مراجعه به ادارات دولتی	

benachrichtigen	
to inform	
informer	jemanden über etwas
أخبر (ب)	informieren
اطلاع دادن	

die **Benachrichtigung**	
notification	
l'avis	eine Information über etwas
إشعار (ب)	(meist schriftlich)
اطلاع رسانی	

beraten	
to advise	
conseiller	jemandem mit Informationen
أرشد	helfen
راهنمایی کردن	

der **Berater**, die **Beraterin**	
adviser	eine Person, die beruflich
le conseiller, la conseillère	jemanden auf einem Gebiet
المستشار (ة)	berät
مشاور	

die **Beratung**	
consultation	
la consultation	ein Gespräch, das über ein
استشارة	bestimmtes Thema informiert
مشاوره	

die **Beratungsstelle**	
advice centre	eine Einrichtung, bei der man Informationen bekommt
le service de consultation	
مركز استشاري	
دفتر مشاوره	

die **Bescheinigung**	
certificate	eine offizielle und schriftliche Bestätigung
certificat, attestation	
شهادة	
گواهی	

beschließen	
to decide	entscheiden, was gemacht wird
décider	
قرر، عزم على	
تصمیم گرفتن	

der **Beschluss**	
decision	die Entscheidung, was gemacht wird
la décision	
قرار	
تصمیم	

die **Besucheradresse**	
visitor's address	der Ort, wo man bei einer Behörde den Eingang findet
l'adresse pour les visiteurs	
عنوان للزوار	
نشانی برای مراجعان	

bevollmächtigt sein	
to be authorised	den rechtlichen Auftrag von jemandem haben, etwas für diese Person zu erledigen
être autorisé	
مُوَكَّل	
وکیل	

bewilligen	
to approve	etwas genehmigen, nachdem
accorder	jemand einen Antrag dafür
وافق (على)	gestellt hat
موافقت کردن	

das **Dienstgebäude**	
office building	das Gebäude, in dem sich eine
le bâtiment administratif	Behörde befindet
مبنى الإدراة العمومية	
ساختمان اداری	

dolmetschen	
to interpret	ein Gespräch von einer
servir d'interprète	Sprache in eine andere Sprache
ترجم شفهيا	übersetzen
ترجمه شفاهی کردن	

der **Dolmetscher**, die **Dolmetscherin**	
interpreter	jemand, der ein Gespräch von
l'interprète	einer Sprache in eine andere
مترجم(ة) شفوي(ة)	übersetzt
مترجم شفاهی	

die **Eheurkunde**	
marriage certificate	ein Dokument, das die Namen
l'acte de mariage	eines Ehepaars und Zeit und
شهادة الزواج	Ort seiner → **amtlichen**
سند ازدواج	Hochzeit enthält

der **Eingang**	
receipt	*hier:* die Ankunft eines Briefes bei seinem Empfänger
la réception	
وصول البريد	
در ورودی	

einladen	
to invite	jemanden bitten, zu einer Behörde zu kommen
convoquer	
دعا	
دعوت کردن	

die **Einladung**	
invitation	die Bitte, dass jemand zu einer Behörde kommt
l'invitation	
دعوة	
دعوت	

einreichen	
to submit	zu einer offiziellen Stelle bringen oder als Brief dorthin senden, damit es dort geprüft wird
déposer	
قدَّمَ	
تحویل دادن	

der **Empfänger**, die **Empfängerin**	
recipient	die Person, die einen Brief oder eine E-Mail bekommt
le destinataire	
مستلم	
گیرنده	

erreichbar	
reachable	eine Person ist erreichbar, wenn
joignable	man mit ihr (meist am Telefon)
يمكن الاتصال به	sprechen kann
قابل دسترسی	

erteilen	
to issue	geben oder dafür sorgen, dass
donner	jemand etwas bekommt
منح	
صادر کردن	

die **Fahrtkosten**	
travel expenses	das Geld, das man für eine
les frais de transport	Reise bezahlen muss
تكاليف التنقل	
هزینهٔ رفت‌وآمد	

die **Fahrtkosten-rückerstattung**	
reimbursement of travel expenses	das Geld, das man für eine
le remboursement des frais de transport	Reise bezahlen musste und dann wieder zurückbekommt
تعويض تكاليف التنقل	
بازپرداخت هزینهٔ رفت‌وآمد	

faxen	
to fax	ein Schreiben als genaue Kopie
faxer	des Originals über ein Fax
أرسل بالفاكس	senden
فکس کردن	

fehlen	
to be missing	
manquer	nicht da sein
لا يوجد	
نبودن	

festgesetzt	
set	festgelegt (z. B. auf ein
fixé	bestimmtes Datum oder auf
محدد	eine bestimmte Summe)
تعیین‌شده	

festsetzen	
to fix	
fixer	festlegen oder entscheiden
حدد	
معین کردن	

die **Fotokopie**	
photocopy	eine genau gleiche Abbildung
la photocopie	von etwas, die man mit einem
نسخة	Kopierer macht
فتوکپی	

die **Frist**	
deadline	
le délai	eine bestimmte Zeit, innerhalb
أجل	deren etwas erledigt sein muss
مهلت	

der **Führerschein**	
driving licence	
le permis de conduire	das Dokument, mit dem man
رخصة القيادة	ein Auto oder ein anderes
گواهینامهٔ رانندگی	Fahrzeug fahren darf

die **Gebühr**	
charge	eine Summe Geld, die man für
la taxe	manche öffentlichen Dienste
رسوم	einer Behörde zahlen muss
کارمزد	

der **Gebührenbescheid**	
notification of charges	die Nachricht über den Preis für
la notification d'une taxe	eine Leistung einer Behörde
بلاغ لسداد رسوم إدراية	
اطلاعیهٔ میزان هزینه	

die **Geburtsurkunde**	
birth certificate	ein Dokument, das den Namen
l'acte de naissance	einer Person und Zeit und Ort
شهادة ميلاد	ihrer Geburt enthält
شناسنامه	

die **Geldleistung**	
payment	eine Summe Geld, auf die man
la prestation pécuniaire	Anspruch hat
دفعة نقدية	
مبلغ قابل دریافت	

gemeldet	
registered	bei einem
enregistré	→ **Einwohnermeldeamt**
مسجل	eingetragen
ثبت‌شده	

genehmigen	
to approve	jemandem etwas offiziell
approuver	erlauben, worum diese Person
وافق (على)	vorher gebeten hat
اجازه دادن	

die **Genehmigung**	
approval	die offizielle Erlaubnis, etwas
l'approbation	zu tun, worum man vorher
موافقة (على)	gebeten hat
مجوز	

geöffnet	
open	nicht geschlossen und damit
ouvert	für Kunden zugänglich
مفتوح	
باز	

das **Gericht**	
court (of justice)	eine öffentliche Einrichtung,
le tribunal	die darüber entscheidet, ob
محكمة	jemand gegen ein Gesetz
دادگاه	gehandelt hat, und Strafen
	festsetzt

geschlossen	
closed	nicht geöffnet und damit nicht
fermé	für Kunden zugänglich
مغلق	
تعطيل	

das **Gespräch**	
conversation	das, was sich zwei oder
l'entretien	mehrere Personen sagen
حديث	
گفتگو	

die **Identität**	
identity	Name, → **Geburtsdatum**,
l'identité	Adresse usw. einer Person
هوية	
هويت	

das **Identitätsdokument**	
identity document	ein Ausweis mit allen
le document d'identité	Angaben zur Person (Name,
وثيقة الهوية	→ **Geburtsdatum** etc.)
برگهٔ احراز هویت	

der **Identitätsnachweis**	
proof of identity	ein Dokument mit Name,
la preuve d'identité	→ **Geburtsdatum**, Adresse
إثبات الهوية	usw. einer Person
مدرک احراز هویت	

die **Information**	
information	
l'information	eine Auskunft über etwas
معلومة	
اطلاعات	

informieren	
to inform	Informationen über sich selbst,
informer	über eine andere Person oder
أعلم (بـ)	zu einem Thema liefern
اطلاع دادن	

die **Kopie**	
copy	eine genau gleiche Abbildung
la copie	von etwas, die man mit einem
نسخة	Kopierer macht
کپی	

das **Melderegister**	
register of residents	eine → **amtliche** Datei, in der der Wohnsitz einer Person gespeichert ist
le registre de déclaration de domicile	
سجل سكاني	
فهرست ادارهٔ ثبت احوال	

die **Melderegisterauskunft**	
information from the register of residents	Informationen zum Wohnsitz einer Person, die Dritten mitgeteilt werden
l'extrait du registre de déclaration de domicile	
معلومات حول مقر السكن	
ارسال اطلاعات ادارهٔ ثبت	

die **Meldung**	
report	die Informationen, die man einer Behörde gibt
le rapport	
إبلاغ	
گزارش	

das **Merkblatt**	
leaflet	ein Zettel mit Hinweisen zu einem bestimmten Thema
la notice	
(ورقة) تعليمات	
برگهٔ توضيحات	

mitteilen	
to announce	etwas sagen oder schreiben, damit eine andere Person es erfährt
communiquer	
أخبر (ب)	
مطلع کردن	

die **Mitteilung**	
notification	eine mündliche oder
la notification	schriftliche Nachricht
بلاغ	
اطلاعیه	

mitwirken	
to be involved	helfen, damit etwas getan
collaborer	werden kann
اشترك (في)	
مشارکت کردن	

die **Mitwirkung**	
involvement	die Hilfe, damit etwas getan
la coopération	werden kann
اشتراك	
مشارکت	

die **Mitwirkungspflicht**	
duty to cooperate	die Pflicht zu helfen, dass etwas
l'obligation de coopération	getan werden kann, z. B. dass
الالتزام بالمشاركة	Dokumente besorgt werden
وظیفهٔ مشارکت	können

zum **nächstmöglichen Zeitpunkt**	
at the next possible date	so schnell wie möglich
le plus rapidement possible	
في أقرب وقت ممكن	
در اولین فرصت ممکن	

die **Öffnungszeiten**	
hours of business	die Uhrzeiten, zu denen eine Behörde geöffnet ist
les heures d'ouverture	
أوقات الدوام	
ساعات کار	

ordnungsgemäß	
according to the regulations	durch Regeln und Vorschriften festgelegt
en bonne et due forme	
نظامي	
مطابق قانون	

das **Original**	
original	das erste Exemplar eines Dokuments, keine Kopie
l'original	
النسخة الاصلية	
اصل	

der **Personalausweis**	
identity card	ein offizielles Dokument mit Angaben zur eigenen Person
la carte d'identité	
بطاقة إثبات الشخصية	
کارت شناسایی	

das **Protokoll**	
record	ein Text, in dem steht, was bei einem Gespräch gesagt wurde
le procès-verbal	
محضر	
صورتجلسه	

rechtmäßig	
legally	dem Recht und Gesetz nach
légal	
شرعي	
قانونی	

registrieren	*hier:* die Daten einer Person (Name, → **Geburtsdatum**, → **Heimatland** etc.) aufschreiben und speichern
to register	
enregistrer	
سجّل	
ثبت کردن	

die **Registrierung**	das Eintragen der Daten einer Person in eine Liste oder das Aufschreiben und Speichern von Daten
registration	
l'enregistrement	
تسجيل	
ثبت	

der **Reisepass**	ein offizielles Dokument mit Angaben zur eigenen Person, mit dem man in einen anderen Staat reisen kann
passport	
le passeport	
جواز سفر	
گذرنامه	

der **Sachbearbeiter**, die **Sachbearbeiterin**	die Person, die für eine bestimmte Sache verantwortlich ist, sie prüft und eventuell darüber entscheidet
official in charge	
l'adjoint administratif, l'adjointe administrative	
موظف(ة) مختص(ة)	
مسئول پرونده	

das **Schreiben**	eine schriftliche Nachricht
letter	
la lettre	
كتاب	
نامه	

senden	
to send	per Post oder per E-Mail schicken
envoyer	
أرسل	
فرستادن	

die **Sozialhilfe**	
income support	das Geld, das der Staat Menschen in Not gibt, damit sie Wohnung, Kleidung und Essen bezahlen können
l'aide sociale	
معونة الضمان الاجتماعي	
کمک‌هزینهٔ تأمین اجتماعی	

die **Sprechstunde**	
surgery	eine bestimmte Zeit, zu der man in einem Amt mit einem → **Berater** oder Sozialarbeiter etwas besprechen kann
les heures de consultation	
موعد العيادة	
ساعات پذیرش	

der **Standesbeamte**, die **Standesbeamtin**	
registrar	die Person, die auf dem → **Standesamt** arbeitet
l'officier de l'état civil	
موظف(ة) الأحوال الشخصية	
کارمند ادارهٔ ثبت احوال	

täglich	
daily	pro Tag, jeden Tag
quotidien	
يوميا	
روزانه	

die **Telefonsprechzeiten**	
telephone consultation hours	bestimmte Zeiten, zu denen
les renseignements par téléphone	man eine Person oder Behörde
اوقات الاستشارات الهاتفية	per Telefon erreichen kann
ساعات پاسخگویی تلفنی	

der **Termin**	
appointment	der Zeitpunkt, an dem ein
le rendez-vous	Gespräch stattfinden soll
موعد	
وقت قبلی	

die **Terminabsprache**	
scheduling of a meeting	die Planung eines Gesprächs für
la prise de rendez-vous	eine bestimmte Zeit
الاتفاق على موعد	
تعیین وقت مراجعه	

die **Terminvereinbarung**	
arrangement of an appointment	das Festlegen einer bestimmten
la prise de rendez-vous	Zeit für ein Gespräch
تحدید موعد	
تعیین وقت قبلی	

einen **Termin vereinbaren**	
to make an appointment	eine Zeit für ein Gespräch
fixer un rendez-vous	festlegen
حدد موعدا	
قرار ملاقات گذاشتن	

übersetzen	
to translate	etwas von einer Sprache in eine
traduire	andere Sprache übertragen
ترجم	
ترجمه کردن	

die **Uhrzeit**	
time (of day)	die Zeit des Tages in Stunden
l'heure	und Minuten, die eine Uhr
وقت	anzeigt
ساعت	

unterlassen	
to refrain from	
omettre	etwas mit Absicht nicht tun
ترك عمدا	
(از انجام کاری) خودداری کردن	

die **Unterlassung**	
omission	
l'omission	etwas, das man mit Absicht
امتناع	nicht getan hat
امتناع	

vereinbaren	
to agree	
fixer	etwas gemeinsam entscheiden
حدد	
قرار گذاشتن	

vereinbart	
agreed	in einem Vertrag oder einer
convenu	→ **Vereinbarung** festgelegt
متفق عليه	oder mündlich besprochen, so
توافق‌شده	dass sich jeder daran halten muss

die **Vereinbarung**	
agreement	ein Dokument, in dem steht,
l'accord	was man besprochen hat *oder*
اتفاق	etwas, das man gemeinsam
توافق	mündlich besprochen und entschieden hat

das **Verschulden**	
fault	die Verantwortung für das Verursachen eines Problems
la faute	
تقصير	
تقصیر	

verstehen	
to understand	erkennen, was eine Person mit ihren Worten sagen will oder welchen Sinn ein Text hat
comprendre	
فهم	
فهمیدن	

die **Vollmacht**	
power of attorney	eine Erlaubnis, die eine Person einer anderen gibt; damit darf diese Dinge tun, die sonst die erste Person nur selbst tun darf
la procuration	
توكيل	
وكالت	

vollziehen	
to carry out	eine offizielle Tat erledigen
exécuter	
نفَّذ	
اجرا کردن	

der **Vollzug**	
enforcement	das Erledigen einer offiziellen Tat
l'exécution	
تنفيذ قرار	
اجرا (ی قانون)	

unter dem **Vorbehalt des jederzeitigen Widerrufs**	es kann zu jeder Zeit entschieden werden, dass etwas (z. B. eine Erlaubnis) nicht mehr gilt
subject to revocation at any time	
sous réserve de révocation	
مع التحفظ بالرفض	
قابل فسخ در هر زمان	

die **Vorlage**	das Zeigen eines Dokuments
presentation	
la présentation	
نموذج	
نمونه	

vorlegen	ein Dokument zeigen
to submit	
présenter	
قدم	
ارائه دادن	

vorliegend	gebracht, um geprüft zu werden (z. B. ein Antrag)
present	
présent	
متوفر	
ارائه‌شده	

die **Vorsprache**	ein Besuch auf einer Behörde wegen einer bestimmten Sache
visit	
la démarche	
مراجعة ادارة	
مراجعه	

vorsprechen	
to call	wegen einer bestimmten Sache zu einer Behörde gehen
se présenter	
قابل (ه)	
شخصاً حضور یافتن	

weiterleiten	
to forward	einen Brief, eine E-Mail, ein Dokument oder eine Information an Dritte weitergeben
transmettre	
أحال	
به دیگری (ارسال کردن)	

der Widerruf	
revocation	eine Erklärung, dass das, was man behauptet, erlaubt oder versprochen hat, nicht mehr gültig ist
la révocation	
إلغاء	
فسخ	

widerrufen	
to revoke	etwas für nicht mehr gültig erklären, was man behauptet, erlaubt oder versprochen hat
révoquer	
رجع (في)	
فسخ کردن	

zuständig	
responsible	für etwas verantwortlich und mit dem Recht, Entscheidungen zu treffen oder zu handeln
compétent	
مسؤول	
مسئول	

die Zuständigkeit	
responsibility	die Pflicht und das Recht, in einer bestimmten Sache Entscheidungen zu treffen oder zu handeln
la compétence	
اختصاص	
حوزهٔ مسئولیت	

zustellen	
to deliver	einen Brief oder ein Paket (per Post) bringen
distribuer	
سلم	
تحویل دادن	

die **Zustellung**	
delivery	die Lieferung eines Briefs oder Pakets per Post
la distribution	
تسليم	
تحویل	

Anbei erhalten Sie ...	In der Anlage bekommen Sie ...

Bitte sofort vorlegen.	Bitte bringen Sie das Dokument sofort.

Dem Antrag ist ... beizufügen.	Sie müssen ... zu Ihrem Antrag legen.

Es ergehen folgende Anordnungen: ...	Das muss gemacht werden: ...

Es ergeht folgende Entscheidung: ...	Das wurde entschieden: ...

Es wird darauf hingewiesen, dass ...	Wir machen Sie darauf aufmerksam, dass ...

Sie erreichen die zuständige Stelle: [*Wochentag und Uhrzeit*]	Sie können an folgenden Tagen und Uhrzeiten [...] mit dem → **Ansprechpartner** telefonieren.

Telefonische Rückfragen tagsüber unter ...	Unter dieser Telefonnummer bekommt man von ca. 8 bis 17 Uhr Informationen.

Formulare ausfüllen

die **Adresse**	
address	die Straße und der Ort, wo
l'adresse	jemand wohnt
عنوان	*auch* die → **Anschrift**
نشانی	

das **Aktenzeichen (Az.)**	
(file) reference number	Zahlen und Buchstaben auf
le numéro du dossier	einem Dokument, damit man
رقم الملف	es einem Fall zuordnen kann
شمارهٔ پرونده	

das **Alter**	
age	die Anzahl der Jahre, die man
l'âge	bereits gelebt hat
سن	
سن	

die **Angabe**	
details	die Information, die man einer
la donnée	Person oder in einem Formular
بيان	gibt
ذكر اطلاعات	

die **Angaben zum Kind**	
information about the child	die Informationen über sein
les renseignements sur l'enfant	Kind, die man einer Person
بيانات الطفل	oder in einem Formular gibt
اطلاعات مربوط به فرزند	

ankreuzen	eine Angabe machen oder eine Frage beantworten, indem man ein Kreuz (meistens in ein Kästchen) macht
to tick	
cocher	
وضع علامة	
با ضربدر علامت زدن	

die **Anlage**	etwas, das zu einem Brief gelegt oder an eine E-Mail gehängt wird
enclosure	
la feuille en annexe	
مرفق	
پیوست	

die **Anschrift**	die Straße und der Ort, wo jemand wohnt *auch* die → **Adresse**
address	
l'adresse	
عنوان	
نشانی	

der **Antragsteller**, die **Antragstellerin**	jemand, der eine Behörde schriftlich darum gebeten hat, etwas zu genehmigen
applicant	
le demandeur, la demandeuse	
مقدم(ة) الطلب	
متقاضی	

ausfüllen	in einen Text oder in ein Formular die Informationen schreiben, die fehlen
to fill in	
remplir	
ملأ	
پر کردن	

der **Ausstellungsort**	
place of issue	die Stadt oder Gemeinde, in
le lieu de délivrance	der ein Dokument oder Pass
مكان الاصدرا	ausgegeben wurde
محل صدور	

das **Bankkonto**	
bank account	ein Vertrag mit einer Bank;
le compte en banque	man kann Geld einzahlen und
حساب مصرفي	abheben
حساب بانكى	

die **Bankverbindung**	
bank details	der Name der Bank, bei
les coordonnées bancaires	der man ein Konto hat, die
رقم الحساب المصرفي	→ **IBAN-Nummer** und die
اطلاعات حساب بانكى	Bankleitzahl

die **Begründung**	
grounds	etwas, das als Grund für etwas
la raison	angegeben wird
تعليل	
دليل	

der **Beruf**	
occupation	eine Tätigkeit, für die man eine
la profession	Ausbildung gemacht hat und
مهنة	mit der man Geld verdient, um
شغل	davon zu leben

die **Bezeichnung**	
description	ein Name für eine Sache oder
la dénomination	Person
تسمية	
عنوان	

das **biometrische Passbild**	ein → **Passbild**, mit dem individuelle körperliche Kennzeichen elektronisch gemessen und verglichen werden können
biometric passport photo	
la photo biométrique	
صورة بيوميترية	
عكس بيومتريک	

bzw. = **beziehungsweise**	
and, or	oder
ou (plutôt)	
أو	
يا	

c/o	Teil der Adresse, der sagt, dass der Empfänger → **vorübergehend** in der Wohnung dieser Person lebt
c/o	
c/o	
طرف، عناية	
نزد	

die **Datenschutzerklärung**	die Erklärung, ob die persönlichen Daten einer Person geschützt oder an Dritte gegeben werden
data privacy statement	
la protection des données informatiques	
تدابير لحماية خصوصية ا المستخدم	
خط مشی حفظ حریم خصوصی	

das **Datum**	Tag, Monat und Jahr, z. B. 13. April 2018
date	
la date	
تاريخ	
تاريخ	

d. h. = das heißt	
that is (to say)	
c'est-à-dire	bedeutet das Gleiche wie ...
يعني	
به عبارت دیگر	

Di. = Dienstag	
Tuesday	
mardi	der zweite Tag der Woche
الثلاثاء	
سه شنبه	

Do. = Donnerstag	
Thursday	
jeudi	der vierte Tag der Woche
الخميس	
پنجشنبه	

eingegangen am	
received on	
reçu le	an diesem Datum (z. B. am 13. April 2018) angekommen
وارد بتاريخ	
دریافت شد در تاریخ	

die E-Mail-Adresse	
email address	
l'adresse e-mail	die Adresse, unter der man per E-Mail → **erreichbar** ist und die ein @-Zeichen enthält
عنوان البريد الإلكتروني	
آدرس ایمیل	

gegen Empfangsbekenntnis	
with acknowledgment of receipt	
avec confirmation de réception	der Absender eines Schreibens erhält vom Empfänger eine schriftliche Bestätigung, dass der Empfänger das Schreiben bekommen hat
إفادة بالإستلام	
در برابر دریافت رسید	

endet am	
ends on	es kommt an diesem Datum
arrive à échéance le	(z. B. am 23. September 2019)
ينتهي بتاريخ	zu Ende
به اتمام می‌رسد در تاریخ	

ergänzen	
to supplement	in einen Text oder in ein
compléter	Formular die Informationen
أكمل	schreiben, die fehlen
کامل کردن	

die **Erreichbarkeit**	
availability	die Möglichkeit, jemanden
le fait d'être joignable	(meistens per Telefon) zu
إمكانية التواصل	erreichen
دسترسی	

der **Familienname**	
surname	der Name, den man mit einer
le nom de famille	Familie gemeinsam hat und
اسم العائلة	bei der Geburt oder nach einer
نام خانوادگی	Heirat bekommt
	auch: der → **Nachname**

der **Familienstand**	
marital status	die Angabe, ob eine Person
l'état civil	ledig, verheiratet, geschieden
حالة اجتماعية	oder → **verwitwet** ist
وضعیت تأهل	

das **Fax**	
fax	ein Schreiben, das als genaue
le fax	Kopie des Originals über ein
فاكس	Gerät, das an das Telefon
فکس	angeschlossen ist, gesendet
	und empfangen wird

die **Faxnummer**	
fax number	die Zahlen, die man wählen
le numéro de fax	muss, um jemandem ein Fax zu
رقم الفاكس	senden
شمارهٔ فکس	

das **Formular**	
form	ein Blatt Papier, auf das
le formulaire	Fragen gedruckt sind, die man
استمارة	beantworten muss
فرم	

das **Foto**	
photo(graph)	ein Bild, das man mit einer
la photo	Kamera macht
صورة (شمسية)	
عکس	

Fr. = **Freitag**	
Friday	der fünfte Tag der Woche
vendredi	
الجمعة	
جمعه	

Frau	
Ms	mündliche und schriftliche
Madame	Anrede vor dem
سيدة	Familiennamen für weibliche
خانم	erwachsene Personen

geb. = **geboren**	
born	auf die Welt gekommen;
né, née	auch verwendet, um den
ولد(ت) يوم	Familiennamen zu nennen,
متولد	den jemand vor der Ehe hatte

das **Geburtsdatum**	
date of birth	der Tag, der Monat und das Jahr, wann man geboren wurde
la date de naissance	
تاريخ الميلاد	
تاریخ تولد	

der **Geburtsname**	
birth name	der Familienname der Eltern, den man nach der Geburt erhalten hat
le nome de jeune fille	
اسم العائلة	
نام خانوادگی پیش از ازدواج	

der **Geburtsort**	
place of birth	der Ort, an dem man geboren wurde
le lieu de naissance	
محل الميلاد	
محل تولد	

das **Geschäftszeichen**	
reference	Zahlen und Buchstaben auf einem Dokument, damit man es einem Fall zuordnen kann
la référence	
مرجع	
مشخصات پرونده	

geschieden	
divorced	ohne Ehemann oder Ehefrau lebend, nachdem die Ehe durch das Urteil eines Gerichts beendet wurde
divorcé	
مطلق	
مطلقه	

das **Geschlecht**	
gender	die Kennzeichen, durch die ein Mensch als männlich oder weiblich zugeordnet wird
le sexe	
جنس	
جنسیت	

ggf. = gegebenenfalls	
if applicable	
le cas échéant	wenn ein Fall eintritt
عند الاقتضاء	
در صورت لزوم	

gültig	
valid	
valable	durch eine Behörde anerkannt
صالح	
معتبر	

gültig bis zum	
valid until	
valable jusqu'au	so, dass es bis zu diesem Datum verwendet werden kann
صالح لغاية	
معتبر تا تاريخ	

die **Gültigkeit**	
validity	
la validité	die → **Anerkennung** durch eine Behörde
صلاحية	
اعتبار	

der **Gültigkeitsbeginn**	
start of validity	
le début de validité	das Datum, ab dem ein Ausweis oder ein anderes Dokument benutzt werden kann
بداية الصلاحية	
شروع اعتبار	

das **Gültigkeitsdatum**	
validity date	
la date de validité	das Datum, bis zu dem ein Ausweis oder ein anderes Dokument benutzt werden kann
تاريخ الصلاحية	
تاريخ انقضا	

die **Handynummer**	
mobile (phone) number	die Zahlen, die man wählen
le numéro de portable	muss, um jemanden auf dem
رقم الجوال	Handy anzurufen
شمارهٔ تلفن همراه	

die **Hausnummer**	
house number	die Zahl eines Gebäudes in
le numéro (de la maison)	einer Straße
رقم البيت/المنزل	
شمارهٔ منزل	

Herr	
Mr	mündliche und schriftliche
Monsieur	Anrede vor dem
سيد	Familiennamen für männliche
آقا(ی)	erwachsene Personen

der **Hinweis**	
notice	eine Erklärung, die jemandem
l'indication	helfen soll, etwas zu tun oder
إشارة (إلى)	zu verstehen
تذكر	

die **IBAN-Nummer**	
IBAN number	die Nummer des
le numéro d'IBAN	→ **Bankkontos**
رقم الحساب البنكي الدولي	
شمارهٔ حساب بین‌المللی بانک	

innerhalb von sieben Tagen	bevor sieben Tage vorbei sind
within seven days	
dans les sept jours	
خلال سبعة أيام	
در مدت هفت روز	

innerhalb von zwei Wochen nach Zustellung	man hat zwei Wochen lang Zeit, nachdem man einen Brief bekommen hat
within two weeks of issue	
dans un délai de deux mois suivant la notification	
خلال أسبوعين بعد التبليغ	
به مدت دو هفته بعد از صدور	

in zweifacher Ausfertigung	zwei Kopien desselben Dokuments, jeweils mit einer Unterschrift im Original
in duplicate	
en deux exemplaires	
من نسختين	
در دو نسخه	

der **Kostenbeitrag**	die Summe Geld, das man regelmäßig für etwas (z. B. für eine Versicherung) bezahlen muss
contribution to costs	
la participation aux frais	
تكلفة المساهمة	
مبلغ هزینه	

die **Krankenkasse**	eine Versicherung, die für Besuche beim Arzt oder im Krankenhaus und Medikamente etc. bezahlt
medical insurance company	
la caisse (de) maladie	
صندوق الضمان الصحي	
مؤسسةٔ خدمات بیمةٔ درمانی	

ledig	
single	
célibataire	nicht verheiratet
أعزب	
مجرد	

die Leistungen nach SGB II	
benefits under SGB II	
les prestations prévues dans le SGB II	Geld, das Menschen vom Staat bekommen, die in Not sind und keine Arbeit haben; ein Teil davon ist das → **Arbeitslosengeld** II
إعانات وفق الجزء ٢ من قانون الشؤون الاجتماعية	
مستمری مطابق کتاب ٢ قانون تأمین اجتماعی	

die Leistungen nach SGB XII	
benefits under SGB XII	
les prestations prévues dans le SGB XII	das Geld, das der Staat Menschen in Not gibt, damit sie Wohnung, Kleidung und Essen bezahlen können; auch die → **Sozialhilfe**
إعانات وفق الجزء الثاني عشر ١٢ من قانون الشؤون الاختماعية	
مستمری مطابق کتاب ١٢ قانون تأمین اجتماعی	

der Mädchenname	
maiden name	
le nome de jeune fille	der Familienname, den eine Frau vor der Ehe hatte
اسم العائلة	
نام خانوادگی پدری	

männlich	
male	
masculin	ein Mann oder ein Junge
ذكر	
مذكر	

Mi. = Mittwoch	
Wednesday	
mercredi	der dritte Tag der Woche
الأربعاء	
چهارشنبه	

Mo. = Montag	
Monday	
lundi	der erste Tag der Woche
الإثنين	
دوشنبه	

Mo.-Do. = Montag bis Donnerstag	
Mondays to Thursdays	vom ersten bis vierten Tag der
du lundi au vendredi	Woche (zum Beispiel nur dann
من الاثنين الى الخميس	geöffnet)
دوشنبه تا پنجشنبه	

die **Muttersprache**	
mother tongue	*hier:* die Sprache, die eine
la langue maternelle	Person am besten spricht,
اللغة الأم	normalerweise die Sprache,
زبان مادری	die in der eigenen Familie gesprochen wird

nachfolgend ... bezeichnet	
referred to below as ...	
ci-après dénommé ...	im weiteren Text ... genannt
يشار اليه(ا) كما يلي	
در ذيل قيد شده	

nachfolgend genannte Person	
the person named below	
la personne nommé comme suit	die Person aus der folgenden Liste
الشخص المذكور لاحقا	
شخص ذيل	

nachfolgend genannte Personen	
the persons named below	
les personnes nommées comme suit	die Personen aus der folgenden Liste
الأشخاص المذكورة لاحقا	
اشخاص ذيل	

der **Nachname**	
surname	der Name, den man mit einer Familie gemeinsam hat und bei der Geburt oder nach einer Heirat bekommt
le nom de famille	
اسم العائلة	*auch:* der → **Familienname**
نام خانوادگی	

der **Name**	
name	der Vorname und/oder der Familienname einer Person; in Formularen ist meist der Familienname gemeint
le nom	
الإسم	
نام (خانوادگی)	

oder nach Vereinbarung	
or by arrangement	oder an einem anderen Termin, der individuell besprochen werden muss
ou bien comme convenu	
أو حسب الإتفاق	
یا با قرار قبلی	

der **Ort**	
place	*hier:* ein Dorf oder eine Stadt
le lieu	
مكان	
مكان	

das **Passbild**	
passport photo(graph)	ein Foto des Gesichts einer Person, das in einem Ausweis verwendet wird
la photo d'identité	
الصورة الشخصية	
عکس گذرنامه	

die **Postanschrift**	
postal address	die Straße und der Ort, wohin die Post für eine Person geschickt werden soll
l'adresse postale	
العنوان البريدي	
آدرس پستی	

die **Postleitzahl (PLZ)**	
post(al) code	die Zahl, die man auf Briefen und Paketen vor einen Ort schreibt
le code postal	
رقم/رمز بريدي	
کد پستی	

die Rechtsbehelfsbelehrung	die Informationen darüber, was man gegen die Entscheidung einer Behörde oder eines Gerichts machen kann
legal information	
les informations sur les droits de recours	
تعليمات بخصوص طرق الطعن القانونية	
شرايط درخواست تجديد نظر	

die Religion	der Glaube an einen Gott oder mehrere Götter
religion	
la religion	
دين	
دين	

die Richtigkeit	das Richtigsein einer Sache
correctness	
l'exactitude	
صحة	
صحت	

die Rückseite	der hintere Teil von einem Dokument
back	
le verso	
جانب خلفي	
پشت	

die Schriftform	etwas bedarf der Schriftform = etwas muss schriftlich (und nicht mündlich) gemacht werden (z. B. ein Antrag)
written form	
la forme écrite	
صيغة مكتوبة	
شكل كتبى	

spätestens	
at the latest	
au plus tard	nicht später als zu dieser Zeit
على الأكثر	
حداكثر	

die Staatsangehörigkeit, die Staatsbürgerschaft	
nationality	
la nationalité	die Tatsache, dass man Bürger eines Staates ist und dies in einem Ausweis dargestellt wird
جنسية	
تابعیت	

der Stempel	
stamp	
le cachet	der Text oder die Symbole, die mit einem kleinen Gegenstand auf Papier gedruckt werden
ختم	
مهر	

die Straße	
street	
la rue	der Name der Straße, in der man wohnt
شارع	
خیابان	

die Telefaxnummer	
fax number	
le numéro de téléfax	die Zahlen, die man wählen muss, um jemandem ein Fax zu senden
رقم الفاكس	
شمارهٔ فکس	

die **Telefonnummer**	
(tele)phone number	die Zahlen, die man wählen
le numéro de téléphone	muss, um jemanden auf dem
رقم الهاتف	Telefon anzurufen
شماره تلفن	

die **Übersetzung**	
translation	ein Text, der von einer Sprache
la traduction	in eine andere Sprache
ترجمة	übertragen wurde
ترجمه	

die **Unterlagen**	
documents	geschriebene Texte, die man
le documents	zum Arbeiten oder als Beweis
وثائق	für etwas braucht
مدارک	

unterschreiben	
to sign	den Vornamen und
signer	Nachnamen in eigener Schrift
وقَّع (على)	schreiben, meistens unter einen
امضأ کردن	Brief oder ein Dokument

die **Unterschrift**	
signature	der Vorname und der
la signature	Nachname in eigener Schrift,
إمضاء	meistens unter einem Brief
امضأ	oder einem Dokument

verheiratet	
married	
marié	in einer Ehe lebend
متزوج	
متأهل	

verwitwet	
widowed	ohne Ehemann oder Ehefrau
veuf	lebend, nachdem dieser oder
أرمل، أرملة	diese gestorben ist
بيوه	

vollständig	
in full	
intégral	komplett, es fehlt nichts
كامل	
كامل	

der **Vorname**	
first name	der individuelle Name, mit dem
le prénom	man in der Familie und von
اسم (شخصي)	Freunden angesprochen wird
نام	

weiblich	
female	
féminin	eine Frau oder ein Mädchen
أنثى	
مؤنث	

die **Wohnadresse**	
home address	die Straße und der Ort,
l'adresse du domicile	wo jemand wohnt
عنوان السكن	
آدرس منزل	

wohnhaft bei ...	
residing with	mit dem Wohnsitz
domicilié(e) chez	bei dieser Person
مقيم عند	
ساكن نزد	

wohnhaft in ...	
resident at	mit dem Wohnsitz an diesem Ort
demeurant à	
مقيم عند	
ساكن در	

der **Wohnsitz**	
domicile	der Wohnort und die Adresse
le domicile	
محل الإقامة	
محل سكونت	

z. B. = zum Beispiel	
for example (e.g.)	verwendet, um ein Beispiel anzukündigen
par exemple	
مثلا	
مثلًا	

der **Zeitraum**	
period of time	ein Abschnitt der Zeit
la période	
فترة	
مدت	

z. Zt. = zur Zeit	
currently	gerade, im Moment
en ce moment	
حالياً	
در حال حاضر	

Bitte bei jeder Antwort angeben.	Dieses → **Geschäftszeichen** muss in einem Brief oder bei einem Anruf genannt werden.
Die Rechtsgrundlagen finden Sie auf der Rückseite.	Rechtliche Angaben stehen auf der → **Rückseite**.
Die Richtigkeit der Angaben wird bestätigt.	Die Angaben sind richtig.
Dieses Schreiben wurde elektronisch erstellt und ist ohne Unterschrift gültig.	Dieses Schreiben wurde mit dem Computer geschrieben und nicht per Hand unterschrieben. Trotzdem ist es durch die Behörde anerkannt.
Ich bestätige den Erhalt ...	Ich habe ... bekommen.
Ich versichere, dass ich alle Angaben vollständig und richtig gemacht habe.	Alle Informationen, die ich gegeben habe, sind komplett und korrekt.

Aufenthalt

sich **anmelden**	
to register	*hier:* sich → **registrieren** lassen
se faire inscrire	
سجل نفسه	
ثبت نام کردن	

die **Anmeldung**	
registration	die → **Registrierung** (mit Name, → **Geburtsdatum**, Adresse etc.) beim → **Einwohnermeldeamt**
la déclaration de domicile	
تسجيل	
ثبت نام	

der **Arbeitsmigrant**, die **Arbeitsmigrantin**	
economic migrant	eine Person, die ihr Land verlässt, um in einem anderen Land Arbeit für ihren → **Lebensunterhalt** und den ihrer Familie anzunehmen
le travailleur immigré, la travailleuse immigrée	
العامل(ة) الوافد(ة)	
مهاجر کاری	

die **Arbeitsmigration**	
economic migration	die Wanderung von Personen, die in einem anderen Land Arbeit für ihren → **Lebensunterhalt** und den ihrer Familie annehmen wollen
la migration de main-d'œuvre	
هجرة اليد العاملة	
مهاجرت کاری	

der **Aufenthalt**	
stay	*hier:* für eine bestimmte Zeit in einem Land sein
le séjour	
إقامة	
اقامت	

die **Aufenthaltsdauer**	
duration of stay	*hier:* die Zeit, in der eine Person in einem Land ist
la durée du séjour	
مدة الإقامة	
مدت اقامت	

die **Aufenthaltserlaubnis**	
residence permit	die Erlaubnis von der → **Ausländerbehörde**, dass ein Ausländer für eine bestimmte Zeit in Deutschland bleiben darf*
le permis de séjour	
تصريح/ترخيص الإقامة	
اجازهٔ اقامت	

das **Aufenthaltsgesetz (AufenthG)**	
residence act	das Gesetz über den Aufenthalt, das Arbeiten und die Integration von Ausländern in Deutschland
la loi sur la résidence	
قانون الإقامة	
قانون اقامت	

die **Aufenthaltsgestattung**	
temporary residence permit	ein Dokument für → **Asylbewerber** während des → **Asylverfahrens** (kein → **Aufenthaltstitel**)*
l'autorisation provisoire de séjour	
إذن إقامة مؤقت	
اجازهٔ اقامت موقت	

die **Aufenthaltskarte**	
residence card	ein → **Ausweisdokument** für → **Familienangehörige** (→ **Drittstaatsangehörige**) eines Bürgers der EU oder des → **EWR**
la carte de séjour	
بطاقة الإقامة	
كارت اقامت	

der **Aufenthaltsstatus**	die rechtliche Voraussetzung
resident status	für den Aufenthalt
le statut de résident	einer Person im Land
حالة الإقامة	(→ **Aufenthaltsgestattung**,
نوع اقامت	→ **Duldung** etc.)

der **Aufenthaltstitel**	
residence permit	ein Dokument für die
le titre de séjour	→ **Einreise** und den Aufenthalt
صفة الإقامة	in Deutschland oder einem
عنوان اقامت	anderen → **EU-Land**

das **Aufenthaltsverbot**	
ban on staying	die Vorschrift, dass sich eine
l'interdiction de séjour	Person (ein abgelehnter
حظر الإقامة	→ **Asylbewerber**) nicht mehr
ممنوعیت اقامت	in einem bestimmten Gebiet
	aufhalten darf

die **Aufenthaltsverordnung** (AufenthV)	
ordinance governing residence	weitere Regeln zum
le règlement sur les conditions de séjour	Aufenthalt in Deutschland, zusätzlich zum deutschen
أمر صادر بشأن ظروف الإقامة	→ **Aufenthaltsgesetz**
مقررات اقامت	

der **Ausländer**, die **Ausländerin**	
alien	eine Person mit der
l'étranger, l'étrangère	→ **Staatsangehörigkeit** von
أجنبي	einem anderen Land
خارجی	

der **Auswanderer,** die **Auswanderin**	eine Person, die ihr → **Heimatland** verlässt oder verlassen hat, um in einem anderen Land zu leben
emigrant	
l'émigré, l'émigrée	
مهاجر(ة)	
مهاجر (از جایی)	

die **Ausweisung**	die → **Anordnung** der Behörden eines Staates, dass ein ausländischer → **Staatsbürger** das Land verlassen muss
expulsion	
l'expulsion	
طرد	
اخراج	

die **Blaue Karte EU**	*etwa:* von einem → **EU-Land** ausgestelltes Dokument für Personen aus → **Nicht-EU-Ländern**, die damit in einem EU-Land arbeiten dürfen*
EU blue card	
la carte bleue UE	
البطاقة الزرقاء	
کارت آبی اتحادیهٔ اروپا	

das **Bundesgebiet**	die gesamte Fläche der Bundesrepublik Deutschland
Federal territory	
le territoire de la RFA	
الأراضي الألمانية	
سراسر کشور فدرال	

das **Daueraufenthaltsrecht**	*etwa:* das Recht, in Deutschland zu bleiben, wenn bestimmte Bedingungen erfüllt sind*
right of permanent residence	
le droit de séjour permanent	
حق الإقامة الدائمة	
حق اقامت دائم	

die doppelte Staatsangehörigkeit	die Tatsache, dass man Bürger zweier Staaten ist und zwei Pässe hat
dual nationality	
la double nationalité	
جنسية مزدوجة	
تابعیت دوگانه	

der/die Drittstaatsangehörige	eine Person, die keinen Pass aus einem Land der Europäischen Union hat
third-country national	
le(la) ressortissant(e) de pays tiers	
مواطن(ة) دول ثالثة	
تبعهٔ کشور خارج از اتحادیهٔ اروپا	

die Einbürgerung	ein Ausländer bekommt die → **Staatsangehörigkeit** des Landes, in dem er schon lange wohnt
naturalization	
la naturalisation	
منح الجنسية	
اعطای تابعیت	

der Einbürgerungstest	ein Test, den ein Ausländer vor der → **Einbürgerung** machen muss
citizenship test	
le test de naturalisation	
امتحان التقدم للجنسية الألمانية	
آزمون اخذ تابعیت	

die Einreise	das Ankommen in einem Land aus einem anderen Land
entry	
l'entrée	
دخول	
ورود	

die **Einreiseerlaubnis**	die Erlaubnis, dass eine Person in ein Land kommen darf
entry permit	
l'autorisation d'entrée	
إذن دخول	
اجازۀ ورود به كشور	

einreisen	über die Grenze in ein Land kommen
to enter the country	
entrer dans un pays	
دخل (كمسافر)	
به كشورى وارد شدن	

das **Einreiseverbot**	die Entscheidung, dass eine Person nicht in ein Land kommen darf
refusal of entry	
l'interdiction d'entrée	
منع من دخول البلاد	
ممنوعيت ورود به كشور	

der **Einwanderer**, die **Einwanderin**	eine Person, die in ein fremdes Land geht oder gegangen ist, um dort zu leben
immigrant	
l'immigré, l'immigrée	
مهاجر	
مهاجر (به جايى)	

der **elektronische Aufenthaltstitel (eAT)**	ein Ausweis in Form einer Karte aus Plastik mit Chip (für die → **Einreise** und den Aufenthalt in einem → **EU-Land**)
electronic residence permit	
le titre de séjour électronique	
بطاقة الإقامة الإلكترونية	
كارت اقامت الكترونيكى	

erlauben	
to allow	einverstanden sein, dass eine Person etwas tut
autoriser	
صرح (ب)	
اجازه دادن	

die Erlaubnis zum Daueraufenthalt-EU	
permanent EU residency	*etwa:* ein → **Aufenthaltstitel**, mit dem ein → **Nicht-EU-Bürger** → **unbefristet** in der EU bleiben darf (nach ca. 5 Jahren in der EU)*
le séjour illimité dans l'UE	
الإقامة الدائمة داخل الاتحاد الأوروبي	
اقامت دائم اتحادیهٔ اروپا	

der EU-Bürger, **die EU-Bürgerin**	
EU citizen	eine Person mit der → **Staatsangehörigkeit** eines Landes der Europäischen Union
le citoyen de l'UE	
مواطن(ة) الاتحاد الأوروبي	
شهروند اتحادیهٔ اروپا	

das EU-Land	
member state of the EU	ein Land, das Mitglied der Europäischen Union ist
l'état membre de l'UE	
بلد عضو في الاتحاد الأوروبي	
کشور عضو اتحادیهٔ اروپا	

die Europäische Union (EU)	
the European Union (EU)	die Gemeinschaft von 28 Ländern in Europa
l'Union européenne (UE)	
الاتحاد الأوروبي	
اتحادیهٔ اروپا	

der Europäische Wirtschaftsraum (EWR)	die Europäische Union und die Länder Irland, Liechtenstein und Norwegen
European Economic Area (EEA)	
l'Espace économique européen (EEE)	
المنطقة الاقتصادية الاوروبية	
منطقهٔ اقتصادى اروپا	

der EU-Staat	ein Staat, der Mitglied der Europäischen Union ist
member state of the EU	
l'état membre de l'UE	
دولة عضو في الاتحاد الأوروبي	
كشور عضو اتحاديهٔ اروپا	

FreizügG/EU	das Gesetz zum Aufenthalt und Arbeiten von → **EU-Bürgern** in einem anderen → **EU-Land**
Freedom of Movement Act/EU	
la loi sur la libre circulation dans l'UE	
قانون حرية التنقل	
قانون جابجايى شهروندان اتحاديهٔ اروپا	

das Herkunftsland	das Land, aus dem jemand kommt
country of origin	
le pays d'origine	
بلد الأصل	
كشور مبدأ	

der Integrationskurs	ein → **Deutschkurs**, in dem man außerdem etwas über das Land, die Geschichte, das deutsche Recht und die Kultur lernt
integration (and German) course for immigrants	
le cours d'intégration	
دورة اندماج	
كلاس انتگراسيون	

der **Lebensunterhalt**	
subsistence	die Ausgaben für Wohnen, Essen, Fahrkarten etc.
la subsistance	
معيشة	
مخارج زندگی	

die **mehrfache Staatsbürgerschaft**	
multiple nationality	die Tatsache, dass man Bürger von mehr als einem Staat ist und mehr als einen Pass hat
la plurinationalité	
جنسيات متعددة	
تابعیت چندگانه	

die **Meldebestätigung**	
certificate of registration	die → **Bescheinigung** vom → **Einwohnermeldeamt**, dass eine Person unter ihrer Adresse angemeldet ist
la confirmation de déclaration de domicile	
تأكيد التسجيل	
تأییدیۀ محل سكونت	

der **Migrant**, die **Migrantin**	
migrant	jemand, der von einem Staat in einen anderen umgezogen ist
l'immigré, l'immigrée	
مهاجر(ة)	
مهاجر	

die **Migration**	
migration	die Aktion, das → **Heimatland** zu verlassen, um in einem anderen Land zu leben
la migration	
الهجرة	
مهاجرت	

die **Migrationsberatung**	
immigration counseling	eine Einrichtung, bei der man
le centre immigration-conseil	Informationen über das Thema
خدمات استشارية للمهاجرين	Migration bekommt
مشاورهٔ مهاجرت	

mit **Migrationshintergrund**	
from an immigrant background	Menschen mit
issu de l'immigration	Migrationshintergrund =
من أصول مهاجرة	Personen, die selbst oder deren
یش زمینه مهاجرت	Eltern aus einem anderen Land
	kommen als das, in dem sie
	leben

der **Nicht-EU-Bürger**, die **Nicht-EU-Bürgerin**	
non-EU citizen	eine Person, die nicht die
le ressortissant d'un État tiers	→ **Staatsangehörigkeit** eines
من غير مواطني الاتحاد الأوروبي	Landes der Europäischen Union
شهروند کشور غیر اتحادیهٔ اروپا	hat

das **Nicht-EU-Land**	
non-EU country	
le pays non membre de l'UE	ein Land außerhalb der
بلد غير تابع للاتحاد الأوروبي	Europäischen Union
کشور غیر عضو اتحادیهٔ اروپا	

die **Niederlassungserlaubnis**	
settlement permit	ein Dokument, mit dem
l'autorisation d'implantation	ein → **Nicht-EU-Bürger**
ترخيص الإقامة الدائمة	→ **unbefristet** in Deutschland
اجازهٔ اقامت دائم	bleiben darf*

der **Schengen-Raum**	26 europäische Staaten, zwischen denen es z. B. keine Kontrollen an der Grenze gibt
Schengen area	
l'Espace de Schengen	
منطقة الشينغين	
منطقهٔ شنگن	

das **Schengen-Visum**	ein Visum für den Aufenthalt von bis zu 3 Monaten im → **Schengen-Raum**
Schengen visa	
le visa Schengen	
تأشيرة شينغين	
ویزای شنگن	

der **Spätaussiedler**, die **Spätaussiedlerin**	ein → **Zuwanderer** deutscher Herkunft, der aus einem Staat vom östlichen Europa nach Deutschland gekommen ist, um dort zu leben
ethnic German repatriate	
le rapatrié, la rapatriée	
العائدون	
مهاجران آلمانی‌تبار متأخر	

der/die **Staatenlose**	eine Person ohne → **Staatsangehörigkeit**
stateless person	
l'apatride	
عديم(ـة) الجنسية	
بدون تابعیت	

die **Staatsangehörigkeit**, die **Staatsbürgerschaft**	die Tatsache, dass man Bürger eines Staates ist und dies in einem Ausweis dargestellt wird
nationality	
la nationalité	
جنسية	
تابعیت	

der **Staatsbürger**, die **Staatsbürgerin**	
citizen	ein Bürger eines Staates
le citoyen, la citoyenne	
مواطن(ة)	
شهروند	

sich **ummelden**	
to re-register	nach einem Umzug die neue Adresse beim → **Einwohnermeldeamt** angeben
changer de domicile	
غيّر العنوان	
ثبت کردن تغییر محل زندگی	

unbefristet	
permanent	in der Dauer nicht begrenzt
de durée illimitée	
غير محدد	
دائم	

der **unbefristete Aufenthaltstitel**	
permanent residence permit	ein Dokument für den Aufenthalt in Deutschland oder einem anderen → **EU-Land**; die Dauer des Aufenthalts ist nicht begrenzt
l'autorisation de séjour illimité	
الإقامة المفتوحة	
اقامت دائم	

verlängern	
to extend	ein Dokument länger gültig sein lassen oder den Aufenthalt länger dauern lassen
prolonger	
مدد	
تمدید کردن	

die **Verlängerung**	
extension	die Zeit, um die etwas länger
le prolongement	gültig ist
تمديد	
تمديد	

die **Verpflichtungserklärung**	die schriftliche Bestätigung,
letter of sponsorship	dass jemand den
la déclaration d'engagement	→ **Lebensunterhalt** eines
تعهد	Ausländers während seines
گواهی تعهد	Aufenthalts in Deutschland
	bezahlt*

das **Visum**	
visa	ein Stempel im Pass, mit dem
le visa	eine Person in ein anderes Land
تأشيرة	reisen darf
رواديد	

der **visumfreie Aufenthalt**	
residency with visa exemption	die Erlaubnis, als Ausländer
le séjour sans demande de visa	ohne Visum in einem Land zu
إقامة معفاة من التأشيرة	sein
اقامت بدون ویزا	

vorübergehend	
temporarily	für eine bestimmte Zeit,
temporairement	meistens eine kurze Zeit
مؤقتا	
موقتی	

der/die **Zugewanderte**	
immigrant	jemand, der von einem Staat in einen anderen umgezogen ist
l'immigrant, l'immigrante	
المهاجر(ة)	
مهاجر	

der **Zuwanderer**, die **Zuwanderin**	
immigrant	jemand, der von einem Staat in einen anderen umzieht oder umgezogen ist
l'immigrant, l'immigrante	
مهاجر(ة)	
مهاجر	

zuwandern	
to immigrate	nach Deutschland oder in ein anderes Land umziehen
immigrer	
هاجر	
مهاجرت کردن	

die **Zuwanderung**	
immigration	das Umziehen eines Ausländers nach Deutschland oder in ein anderes Land
l'immigration	
هجرة (إلى)	
مهاجرت	

das **Zuwanderungsgesetz**	
immigration law	das deutsche Gesetz mit den Regeln zur → **Zuwanderung**, zum Aufenthalt und zur Integration von → **EU-Bürgern** und Ausländern*
la loi sur l'immigration	
قانون الهجرة	
قانون مهاجرت	

Flüchtlinge und Asylbewerber

die **Altersfestsetzung**	
determination of age	das Überprüfen und Festlegen des Alters (besonders um festzustellen, ob jemand schon → **volljährig** ist)
l'estimation de l'âge	
تحديد العمر	
تعیین سن	

der **anerkannte Flüchtling**	
recognised refugee	eine Person, die Asyl bekommen hat und deshalb im Land bleiben darf
le réfugié statutaire	
لاجئ معترف به	
پناهجوی پذیرفته‌شده	

das **Ankunftszentrum**	
arrival centre	der Ort, an dem → **Asylbewerber** registriert werden (→ **registrieren**) und an dem sie nur für kurze Zeit bleiben
le centre d'accueil à l'arrivée	
مركز استقبال اللاجئين	
مركز ورود	

der **Asylbewerber**, die **Asylbewerberin**	
asylum seeker	eine Person, die in einem fremden Land um Aufnahme und Schutz bittet und einen → **Asylantrag** gestellt hat*
le demandeur d'asile, la demandeuse d'asile	
طالب(ة) اللجوء	
متقاضی پناهندگی	

die **Aufnahmeeinrichtung**	
reception centre	die Unterkunft, in der → **Asylbewerber** in den ersten Monaten nach ihrer Ankunft wohnen
le centre d'accueil	
مركز استقبال اللاجئين	
مركز پذیرش	

der/die **Ehrenamtliche**	
volunteer	ein freiwilliger Helfer, der für
la personne bénévole	seine Arbeit nicht bezahlt wird
متطوع(ـة)	
داوطلب	

die **Einrichtung**	
institution	ein Haus zum Wohnen oder für
l'organisation	Beratung (vom Staat oder von
منشأة	einer Organisation)
سازمان	

die **Erstaufnahmeeinrichtung (EAE)**	
reception centre	die Unterkunft, in der
le centre d'accueil	→ **Asylbewerber** in den ersten
منشأة الإيواء الإبتدائي	drei bis sechs Monaten nach
مرکز اولیهٔ پذیرش پناهجویان	ihrer Ankunft wohnen

der **Familiennachzug**	
family reunification	die spätere → **Einreise** von
le regroupement familial	Ehefrau oder Ehemann und/
لم شمل العائلة	oder Kindern (nach der
الحاق به خانواده	→ **Anerkennung**)*

die **Flucht**	
flight	das Fliehen und das Verlassen
la fuite	der Heimat, weil eine Gefahr
هروب	besteht
فرار	

der **Flüchtling**	eine Person, die besonders wegen eines Krieges ein Land oder die Heimat verlässt bzw. verlassen muss
refugee	
le réfugié, la réfugiée	
لاجئ	
پناهجو	

die **Gemeinschaftsunterkunft (GU)**	ein Haus, in dem viele → **Asylbewerber** während des → **Asylverfahrens** zusammenwohnen
shared accommodation	
le logement collectif	
مسكن جماعي	
اقامتگاه جمعی	

der **Helferkreis**	mehrere → **Ehrenamtliche**, die zusammen verschiedene Hilfen anbieten
network of helpers	
le réseau des bénévoles	
مجموعة المساعدين	
دایرهٔ کمک‌رسانی	

die **mitreisenden Familienangehörigen**	die Mitglieder der Familie, die zusammen geflohen und angekommen sind
accompanying family members	
les membres de la famille qui accompagnent	
المرافقون من أفراد العائلة	
اعضای همسفر خانواده	

der **Sicherheitsdienst**	die Firma, die die Menschen in einer Einrichtung oder Behörde schützt
security service	
le service de sécurité	
خدمة الأمن	
انتظامات	

der unbegleitete minderjährige Flüchtling	
unaccompanied minor refugee	eine Person unter 18 Jahren, die ohne ihre Eltern geflohen ist
le réfugié mineur non accompagné	
لاجئ قاصر من دون مرافق	
پناهجوی بی‌سرپرست زیر سن قانونی	

die Verlegung	
transfer	der Umzug in eine andere Unterkunft
le transfert	
نقل، تحويل	
انتقال	

das Wachpersonal	
security staff	die Personen, die die Menschen in einer Einrichtung oder Behörde schützen
le personnel de sécurité	
عون مراقبة	
نگهبان	

zuweisen	
to assign	offiziell entscheiden, dass eine Person etwas bekommt, z. B. eine Wohnung
attribuer	
خُصِّص له (لـ)	
اختصاص دادن	

die Zuweisungsentscheidung	
assignment decision	die Entscheidung (durch eine Behörde) über den Wohnort eines → **Asylbewerbers** während des → **Asylverfahrens**
la décision de répartition concernant le lieu de séjour	
قرار تخصيص	
حكم تعيين محل اقامت	

Asylverfahren

abgelehnt	
rejected	
refusé	nicht akzeptiert
مرفوض	
رد	

abgeschoben	
deported	gezwungen, das Land sofort
refoulé du territoire	zu verlassen und in die Heimat
تم ترحيله/طرده	zurückzugehen
اخراجی (از کشور)	

ablehnen	
to reject	
refuser	nicht akzeptieren
رفض	
رد کردن	

die **Ablehnung**	
rejection	die Tatsache, dass etwas nicht
le refuse	akzeptiert wird
رفضٌ	
رد	

abschieben	
to deport	eine Person zwingen, das Land
refouler du territoire	sofort zu verlassen und in ihre
أبعد، رحَّلَ	Heimat zurückzugehen
از کشور اخراج کردن	

die **Abschiebung**	
deportation	die nicht freiwillige → **Ausreise** einer Person, weil z. B. ihr → **Asylantrag** abgelehnt wurde
le refoulement	
ترحيل	
اخراج از کشور	

die **Abschiebungsandrohung**	
threat of deportation	die schriftliche Aufforderung zur → **Ausreise**, nachdem der → **Asylantrag** abgelehnt wurde
la menace de refoulement	
تهديـد بالترحيـل	
اخطاریة اخراج از کشور	

das **Abschiebungshindernis**	
impediment to deportation	ein Grund, weshalb eine Person nicht in ihre Heimat zurückgeschickt werden kann und darf
l'empêchement de refoulement	
معوق الترحيل	
مانع بـرای اخراج از کشور	

das **Abschiebungsverbot**	
ban on deportation	eine Vorschrift, dass eine Person nicht in ihre Heimat zurückgeschickt werden darf, obwohl ihr → **Asylantrag** abgelehnt wurde
l'interdiction de refoulement	
حظر الترحيل	
ممنوعیت اخراج از کشور	

androhen	
to threaten	sagen, dass man eine Person bestrafen wird, wenn sie mit etwas nicht aufhört oder etwas nicht tut
menacer	
هدَّدَ	
تهدید کردن	

anerkannt	
recognised	*hier:* bestätigt, dass ein
reconnu	→ **Flüchtling** im Land bleiben
معترف به	darf
مورد تأیید	

anerkennen	
to recognise	als gültig und → **rechtmäßig**
reconnaître	ansehen
اعترف (ب)	
تأیید کردن	

die **Anerkennung**	
recognition	*hier:* die Entscheidung im
la reconnaissance	→ **Asylverfahren**, dass die
اعتراف	Person im Land bleiben darf
تأییدیه	

die **Anfechtbarkeit**	
contestability	die Möglichkeit, eine
la contestabilité	Entscheidung nicht
قابلية الطعن	anzuerkennen
قابل اعتراض بودن	

anfechten	
to appeal against	nicht anerkennen, dass eine
faire opposition	Entscheidung gültig oder
طعن (في)	richtig ist
به حکمی اعتراض کردن	

angeordnet	
ordered	bestimmt oder befohlen,
ordonné	dass etwas gemacht oder
أمر	unterlassen werden muss
مقرر	

die **Anhörung**	der Termin beim → **BAMF**, bei dem der → **Asylbewerber** sagen kann, warum er um Asyl bittet
hearing	
la procédure de consultation	
سماع	
مصاحبه	

der **Ankunftsnachweis**	das erste Dokument mit persönlichen Daten, das ein Ausländer in Deutschland bekommt, wenn er um Asyl bittet
certificate of registration as an asylum seeker	
le certificat de demande d'asile	
شهادة تسجيل كطالب لجوء	
گواهی پذیرش تقاضای پناهندگی	

die **Ankunfts- und Rückführungseinrichtung (ARE)**	eine Unterkunft für → **Asylbewerber**, die wahrscheinlich nicht in Deutschland bleiben können*
arrival and repatriation centre	
le centre d'accueil et de refoulement des réfugiés	
مقر استقبال و ترحيل اللاجئين	
مرکز پذیرش و استرداد پناهجویان	

anordnen	bestimmen oder befehlen, dass etwas gemacht werden muss oder nicht gemacht werden darf
to order	
statuer	
أمر	
مقرر کردن	

das **Asyl**	das Recht auf Aufenthalt, das ein Staat einem Ausländer gibt, um ihn vor → **Verfolgung** zu schützen
(political) asylum	
l'asile	
(حق) اللجوء	
پناهندگی	

der **Asylantrag**	
application for asylum	die schriftliche Bitte um Asyl, die man meistens direkt nach Ankunft abgibt
la demande d'asile	
طلب اللجوء	
تقاضای پناهندگی	

asylberechtigt	
entitled to asylum	mit dem Recht, Asyl zu bekommen
bénéficiant du droit d'asile	
له(ا) الحق في اللجوء	
دارنده حق پناهندگی	

die **Asylberechtigung**	
entitlement to asylum	das Recht, Asyl zu bekommen
le droit d'asile	
الحق في اللجوء	
حق پناهندگی	

das **Asylbewerberleistungs-gesetz (AsylbLG)**	
Asylum Seekers Benefits Act	das Gesetz, in dem steht, was eine Person im → **Asylverfahren** vom Staat bekommt (für Unterkunft, Kleidung, Essen etc.)
la législation réglant les droits des demandeurs d'asile	
قانون إعانة طالبي اللجوء	
قانون هزینه های متقاضیان پناهندگی	

das **Asylgesetz (AsylG)**	
asylum law	das Gesetz über die Rechte von → **Asylbewerbern** und das → **Asylverfahren** in Deutschland
la loi sur l'asile	
قانون اللجوء	
قانون پناهندگی	

die **Asylsozialberatung**	
asylum seekers' welfare advice	ein Büro, in dem → **Asylbewerber** Auskünfte und Hilfe bekommen
le conseil d'aides sociales aux demandeurs d'asile	
المشورة الاجتماعية للجوء	
مشاورهٔ اجتماعی پناهندگان	

der/die **Asylsuchende**	
asylum seeker	eine Person, die in einem fremden Land um Aufnahme zum Schutz vor → **Verfolgung** bittet
le demandeur d'asile, la demandeuse d'asile	
طالب(ة) لجوء	
جویندهٔ پناهندگی	

das **Asylverfahren**	
asylum process	der → **Asylantrag**, die persönliche → **Anhörung** beim → **BAMF** und die Entscheidung, ob eine Person Asyl bekommt oder nicht
la procédure de demande d'asile	
إجراءات اللجوء	
روند پناهندگی	

das **Aufnahmegesetz (AufnG)**	
German Reception Act	das deutsche Gesetz über die Aufnahme von → **Asylbewerbern** und wie und wo sie wohnen
la loi d'accueil des demandeurs d'asile	
قانون استقبال اللاجئين	
قانون پذیرش متقاضیان پناهندگی	

das **Aufnahmegesuch**	
application for admission	die Bitte des → **BAMF** an einen anderen → **EU-Staat**, einen → **Asylsuchenden** wieder aufzunehmen (der dort schon → **registriert** war)*
la demande de prise en charge	
طلب قبول اللجوء	
درخواست پذیرش	

die **Ausreise**	
departure	
le départ (pour l'étranger)	das Verlassen eines Landes
مغادرة	
خروج از کشور	

die **Ausreisefrist**	
deadline for leaving	
le délai imparti pour quitter le territoire	der Termin, bis wann jemand das Land verlassen muss
أجل مغادرة البلاد	
مهلت خروج از کشور	

ausreisen	
to leave (the country)	
partir (pour l'étranger)	ein Land (offiziell) verlassen
غادر (البلاد)	
کشور را ترک کردن	

begründet	
well-founded	etwas ist begründet
justifié	= es gibt einen Grund für etwas (und dieser Grund wurde von einem Amt akzeptiert)
مُبرَّر	
مدلل	

die **Begründung**	
grounds	die schriftliche oder mündliche Erklärung, warum eine bestimmte Entscheidung getroffen wurde
l'exposé des faits	
تعليل	
دليل	

die **Bekanntgabe**	eine → **Mitteilung**, durch die man bestimmte Informationen bekommt
publication	
la publication	
إعلان	
اعلام	

der **Bescheid**	eine schriftliche → **Mitteilung** über eine Entscheidung von einem Amt
decision	
la décision administrative	
قرار	
اطلاع	

die **Bescheinigung über die Meldung als Asylsuchender (BÜMA)**	das erste Dokument mit persönlichen Daten, das ein Ausländer in Deutschland bekommt, wenn er um Asyl bittet
certificate of registration as an asylum seeker	
le certificat de demande d'asile	
شهادة تسجيل كطالب لجوء	
گواهی پذیرش تقاضای پناهندگی	

beweisen	durch Dokumente, Gegenstände etc. zeigen, dass etwas richtig ist
to provide evidence	
prouver	
أثبت	
ثابت کردن	

das **Beweismittel**	ein Dokument oder Gegenstand, mit dem man zeigen kann, dass etwas richtig ist oder man ein Recht auf etwas hat
evidence	
la preuve	
وسيلة إثبات	
مدرک	

die Diskriminierung	die schlechte Behandlung einer Person oder einer Gruppe, z. B. wegen der Hautfarbe, der Religion oder des → **Heimatlands**
discrimination	
la discrimination	
تمييز	
تبعيض	

das Dublin-Verfahren	die Prüfung, welches → **EU-Land** für den → **Asylantrag** zuständig ist, d. h. das erste EU-Land, in das der → **Antragsteller** gekommen ist
the Dublin Regulation	
les accords de Dublin	
إجراء دبلن	
روند بررسی دابلین	

die Duldung	ein Dokument, mit dem ein → **Asylbewerber** für eine bestimmte Zeit nicht abgeschoben werden darf (→ **abschieben**)*
exceptional leave to remain	
la tolérance	
وثيقة السماح بالإقامة المؤقتة	
تحمل	

der Eilantrag	eine schriftliche Bitte an ein Amt, dass eine Sache schneller als normalerweise entschieden wird
emergency application	
la demande en référé	
طلب استعجالي	
درخواست فوری	

entscheiden	festlegen, was getan werden soll oder was richtig ist
to decide	
décider	
قرر	
تصمیم گرفتن	

der **Entscheider**	*hier:* die Person beim → **BAMF**, die prüft, ob ein → **Asylbewerber** als → **Flüchtling** anerkannt wird
decision-maker	
le décisionnaire	
المقرر	
تصمیم‌گیرنده	

die **Entscheidung**	*hier:* das Ergebnis des → **BAMF** im → **Asylverfahren**, z. B. ob eine Person als → **Flüchtling** anerkannt wird
decision	
la décision	
قرار	
تصمیم	

der **Erstantrag**	die erste (schriftliche) Bitte um Asyl
initial application	
la première demande	
طلب اللجوء المبدئي	
درخواست اولیه	

die **Flüchtlingsanerkennung**	*etwa:* die Bestätigung, dass ein → **Flüchtling** in dem Land bleiben darf, in das er geflohen ist*
recognition of refugees	
la reconnaissance du statut de réfugié	
الحصول على اللجوء	
تأییدیهٔ پناهجویی	

die **Flüchtlingseigenschaft**	eine Art der → **Anerkennung** als → **Flüchtling** (zunächst gültig für drei Jahre)
refugee status	
la qualité de réfugié	
صفة اللاجئ	
وضعیت پناهجویی	

der **Flüchtlingsschutz**	
protection of refugees	der Schutz, den der Staat
la protection des réfugiés	→ **Flüchtlingen** garantieren
حماية اللاجئين	kann
حمایت از پناهجو	

der **Folgeantrag**	
follow-up application	eine zweite Bitte um
la demande suivant la première demande	Asyl, nachdem der erste
طلب لاحق	→ **Asylantrag** abgelehnt wurde
درخواست بعدی	

geduldet	
tolerated	so, dass man
toléré	→ **vorübergehend** nicht
مسموح له (/-ها) بإقامة مؤقتة	abgeschoben (→ **abschieben**)
تحمل‌شده	werden darf*

gem. § 25	
according to § 25	nach Abschnitt 25 in einem
suivant le § 25	Gesetz
تبعا للفقرة ٢٥	
طبق مادهٔ ٢٥	

der **Grenzübertritt**	
crossing of the border	das Reisen von einem Land in
le franchissement de la frontière	ein anderes
عبور الحدود	
عبور از مرز	

die **Grenzübertritts-bescheinigung (GÜB)**	
certificate to pass the border	ein Dokument für Personen, die → **ausreisen** müssen*
l'attestation de passage de la frontière	
تصريح عبور الحدود	
برگۀ عبور از مرز	

die **humanitären Gründe**	
humanitarian grounds	Gründe, warum eine Person Asyl bekommen sollte (z. B. weil für sie im → **Heimatland** eine Gefahr für ihr Leben besteht)*
les motifs humanitaires	
أسباب إنسانية	
دلایل بشردوستانه	

der **humanitäre Schutz**	
humanitarian protection	*etwa:* eine Person bekommt Asyl, weil es → **humanitäre Gründe** dafür gibt*
la protection humanitaire	
حماية إنسانية	
حمایت بشردوستانه	

illegal	
illegal	gegen das Gesetz
illégal	
غير شرعي	
غیر قانونی	

die **Klage**	
complaint	ein Antrag auf eine Entscheidung durch ein Gericht
l'action en justice	
دعوى	
شکایت	

die **Klageerhebung**	
commencement of proceedings	das Abgeben einer → **Klage**
l'engagement d'une action en justice	bei einem Gericht, z.B. nach → **Ablehnung** im
رفع دعوى قضائية	→ **Asylverfahren**
اقامةُ دعوى	

legal	
legal	
légal	vom Gesetz erlaubt
شرعي	
قانونى	

maßgeblich, maßgebend	
decisive	
décisif	wichtig und mit großem Einfluss
حاسم	
ضرورى	

die **Menschenrechte**	
human rights	die wichtigsten Rechte des Menschen (z. B. auf Leben
le droits de l'homme	und Freiheit), wie sie in
حقوق الإنسان	den Gesetzen vieler Staaten
حقوق بشر	enthalten sind

die **Menschenrechts- verletzung**	
human rights violation	die Verletzung der wichtigsten Rechte eines Menschen (z. B.
la violation des droits de l'homme	auf Leben und Freiheit)
انتهاك لحقوق الإنسان	
نقض حقوق بشر	

politisch	in der Politik, was mit der Politik zu tun hat *hier auch:* wegen der Meinung über die Politik
political	
politique	
سياسي	
سیاسی	

die **politische Verfolgung**	*etwa:* die sehr schlechte Behandlung einer Person wegen ihrer politischen Meinung oder Religion etc.*
political persecution	
la persécution politique	
ملاحقة سياسية	
تعقیب سیاسی	

der/die **politisch Verfolgte**	*etwa:* eine Person, die wegen ihrer politischen Meinung oder Religion etc. sehr schlecht behandelt wird*
politically persecuted person	
la victime de persécution politique	
ملاحق(ـة) سياسيا	
فرد تحت تعقیب از نظر سیاسی	

der **Rechtsanwalt**, die **Rechtsanwältin**	eine Person, die bezahlt wird, um Leute über die Gesetze zu informieren und sie vor Gericht zu vertreten
lawyer	
l'avocat, l'avocate	
محام(ية)	
وکیل دادگستری	

die **Reisewegsbefragung**	der Termin beim → **BAMF**, bei dem der → **Asylbewerber** sagen muss, auf welchem Weg er nach Deutschland kam
request for travel route	
la demande sur le parcours du voyage	
استفسار حول طريق القدوم	
مصاحبه برای پرسش از مسیر سفر	

die **Rückführung**	die → **Abschiebung** oder → **Ausweisung** von illegalen → **Einwanderern** oder abgelehnten → **Asylbewerbern**
repatriation	
le rapatriement	
إرجاع	
اخراج از کشور	

der **Sachverhalt**	die Tatsachen in einem bestimmten Fall
facts (of the case)	
les faits	
الوقائع	
وضعیت	

der **Schutz**	eine Aktion, um eine Gefahr oder einen Schaden zu vermeiden
protection	
la protection	
حماية	
حمایت	

die **Schutzberechtigung**	das Recht auf Schutz
entitlement to protection	
le droit à la protection	
الحق في الحماية	
حق حفاظت	

der **subsidiäre Schutz**	erlaubt Menschen, so lange in Deutschland zu bleiben, wie im → **Heimatland** eine Gefahr für ihre Person besteht (z. B. wegen Krieg)*
subsidiary protection	
la protection subsidiaire	
حماية مؤقتة	
حمایت موقت	

der/die **subsidiär Schutzbedürftige**	*etwa:* eine Person, die so lange in Deutschland bleiben darf, wie im → **Heimatland** eine Gefahr für sie besteht (z. B. wegen Krieg)*
person in need of subsidiary protection	
la personne ayant droit à une protection subsidiaire	
محتاج(ـة) لحماية مؤقتة	
شخص نیازمند حمایت موقت	

unanfechtbar	eine Entscheidung ist unanfechtbar, wenn nichts gegen sie gemacht werden kann
incontestable	
inattaquable	
غير قابل للطعن	
بی چون و چرا	

unbegründet	ohne Begründung oder ohne Grund
unfounded	
non fondé	
لا أساس له	
بی‌دلیل	

unter Angabe der Gründe	es müssen Gründe genannt werden
with specification of reasons	
en donnant les motifs	
مع بيان الأسباب	
با ارائهٔ دلایل	

unzulässig	nicht erlaubt, verboten
inadmissible	
interdit	
غير مشروع	
غیرمجاز	

verbieten	
to forbid	
interdire	nicht erlauben
منع (من)	
ممنوع کردن	

das **Verbot**	
ban	
l'interdiction	eine Vorschrift, etwas nicht oder nicht länger zu tun
حظر	
ممنوعیت	

verfolgen	
to persecute	
persécuter	eine Person sehr schlecht behandeln und sie leiden oder nicht in Freiheit leben lassen
لاحق	
تعقیب کردن	

die **Verfolgung**	
persecution	die sehr schlechte Behandlung einer Person oder Gruppe, weil sie eine andere Hautfarbe, Religion oder politische Meinung hat
la persécution	
ملاحقة	
تعقیب	

verpflichtet	
obligated	
obligé	gezwungen oder mit der Pflicht, etwas zu tun
ملزم (ب)	
موظف	

die **Verpflichtung**	
obligation	
l'obligation	die Pflicht, etwas zu tun
التزام	
تعهد	

die **Voraussetzung**	
prerequisite	eine Bedingung, die erfüllt sein muss, damit etwas anderes möglich ist
la condition	
شرط، شروط	
پیش‌شرط	

zuerkannt	
granted	so, dass ein Gericht oder Amt entschieden hat, dass jemand es bekommt
reconnu	
معترف به	
اعطاشده	

zuerkennen	
to grant	entscheiden, dass jemand etwas bekommt (besonders durch den → **Beschluss** eines Gerichtes oder Amtes)
attribuer	
قُرّر منحه	
نسبت دادن	

die **Zuerkennung**	
granting	die Entscheidung eines Gerichtes oder Amtes, dass eine Person etwas bekommt (z. B. ein Recht)
la reconnaissance	
منح	
اعطا	

Der Antrag auf Anerkennung als Asylberechtigter wird abgelehnt.	Die Person bekommt kein Asyl.*
Der Antrag auf Asylanerkennung wird abgelehnt.	Die Person bekommt kein Asyl.*
Der Antrag auf Asylanerkennung wird als offensichtlich unbegründet abgelehnt.	Es wurde entschieden, dass der → **Asylbewerber** keine Gründe für Asyl hat.

Der Antrag auf Zuerkennung der Flüchtlingseigenschaft wird abgelehnt.	Die Person wird nicht als → **Flüchtling** anerkannt.*
Der Antragsteller wird als subsidiär Schutzberechtigter anerkannt.	Die Person bekommt → **subsidiären Schutz.**
Der Antragsteller wird aufgefordert ...	Ein Amt verlangt vom → **Antragsteller**, dass er etwas tut.
Gegen diesen Bescheid kann innerhalb eines Monats Klage erhoben werden.	Einen Monat lang ist es möglich, gegen die Entscheidung vor Gericht zu klagen.
Ich bin mir bewusst, dass falsche Angaben zur Ablehnung des Antrages führen.	Ich weiß, dass meine Angaben richtig sein müssen, sonst wird mein Antrag abgelehnt.

Arbeiten in Deutschland

Anerkennung von Abschlüssen

der **Abschluss**	
qualification	das erfolgreiche Ende eines Studiums oder einer Ausbildung
le diplôme de fin d'études	
شهادة الإمتحان النهائي	
اتمام (تحصیل یا کارآموزی)	

der **akademische Grad**	
degree	der Name eines Abschlusses einer Hochschule oder Universität
le grade universitaire	
الدرجة العلمية	
درجهٔ دانشگاهی	

der **akademische Heilberuf**	
academic healthcare profession	ein Beruf im Bereich der Medizin, für den ein Studium notwendig ist (Arzt, Zahnarzt, Apotheker, Psychotherapeut, Tierarzt)
la profession de soins de santé sanctionnée par un diplôme	
مهنة طبية أكاديمية	
حرفهٔ پزشکی دانشگاهی	

als Arzt praktizieren	
to practise as a doctor	als Arzt arbeiten
travailler comme médecin	
يشتغل كطبيب	
به عنوان پزشک کار کردن	

anerkennen	
recognise	*hier:* wie einen deutschen → **Berufsabschluss** akzeptieren
reconnaître	
اعترف (ب)	
قبول داشتن	

die **Anerkennung**	*hier:* die Behandlung eines ausländischen Abschlusses wie einen deutschen → **Berufsabschluss**
recognition	
la reconnaissance	
اعتراف	
ارزیابی	

das **Anerkennungsgesetz**	das Gesetz über das Akzeptieren von ausländischen Abschlüssen in Deutschland*
German recognition act	
la loi sur la reconnaissance des diplômes étrangers	
قانون الاعتراف بالمؤهلات	
قانون ارزیابی مدارک کاری خارجی	

die **Anerkennungsstelle**	das Amt, das überprüft, ob ein ausländischer → **Berufsabschluss** offiziell akzeptiert wird
office for professional qualifications	
l'autorité de certification	
مصلحة اعتماد الشهادات الأجنبية	
دفتر ارزیابی	

das **Anerkennungsverfahren**	die Überprüfung, ob ein ausländischer → **Berufsabschluss** wie der ähnliche deutsche Beruf anerkannt wird
recognition process	
la procédure de reconnaissance de diplômes	
إجراء الاعتراف	
روند ارزیابی	

die **Approbation**	die staatliche → **Genehmigung**, die ein Arzt, Zahnarzt, Psychotherapeut, Tierarzt oder Apotheker für seine Arbeit braucht
certificate	
l'autorisation d'exercer	
تصريح تداول المهنة	
پروانهٔ طبابت	

die **Approbationsbehörde**	
licensing authority	
l'autorité délivrant l'agrément d'une profession	die Stelle, von der man die → **Approbation** bekommt
هيئة تصريح تداول المهنة	
ادارهٔ صدور پروانهٔ طبابت	

approbieren	
grant a professional licence	genehmigen, dass ein Arzt, Zahnarzt, Psychotherapeut, Tierarzt oder Apotheker in seinem Beruf arbeiten darf
autoriser à exercer le coprs médical	
وافق على	
مجوز دادن	

der **Ausbildungsstaat**	
country of training	das Land, in dem die Ausbildung oder das Studium gemacht wurde
le pays ayant délivré le diplôme de fin d'études	
بلد الحصول على التعليم	
كشور محل تحصيل	

die **Bedingung**	
condition	eine Voraussetzung, die erfüllt sein muss
la condition	
شرط	
شرط	

die **berufliche Qualifikation**	
professional qualifications	die → **Berufsausbildung** oder das Studium und die Fähigkeiten, die man für eine Arbeit braucht
la qualification professionnelle	
تأهيل مهني	
صلاحيت كارى	

der **Berufsabschluss**	
training qualification	eine Ausbildung oder ein Studium mit bestandener Prüfung
le diplôme de fin d'études	
الدرجة المهنية	
مدرک پایان دورهٔ کارآموزی	

die **Berufsanerkennung**	
professional recognition	das Akzeptieren eines ausländischen Berufes wie einen deutschen Beruf
la reconnaissance des qualifications professionnelles	
الاعتراف بالمهن	
معادل‌سازی سابقهٔ شغلی	

der **Einzelfall**	
individual case	ein einzelner Fall, der individuell zu behandeln ist
le cas individuel	
حالة منفردة	
مورد منحصربه‌فرد	

die **Fördermöglichkeiten**	
funding opportunities	die Möglichkeiten zur finanziellen Unterstützung
les possibilités de financement	
فرص الدعم	
امکانات پشتیبانی مالی	

die **Gleichwertigkeit**	
equivalence	*hier:* die Tatsache, dass ein ausländischer Abschluss wie ein deutscher → **Berufsabschluss** behandelt werden kann
la équivalence	
معادلة	
ارزشیابی	

die Gleichwertigkeitsprüfung	die Überprüfung, ob man einen ausländischen Beruf mit einem deutschen Beruf vergleichen kann
equivalence check	
l'examen pour reconnaissance d'équivalence	
اختبار المعادلة	
آزمون ارزشیابی	

der Mangelberuf	ein Beruf, für den es viele freie Arbeitsstellen gibt und nicht genug Leute, die die Arbeit machen können
understaffed occupation	
la profession où on manque de personnel qualifié	
وظيفة ذات نقص في الايدي العاملة	
شغلی با کمبود نیروی متخصص	

die Mindestanforderung	die Fähigkeiten, die eine Person mindestens haben muss
minimum requirements	
l'exigence minimum	
ادنى المتطلبات	
حداقل مورد نیاز	

die Qualifikation	die Voraussetzungen, die man für eine Tätigkeit braucht (z. B. ein → **Schulabschluss** oder eine → **Berufsausbildung**)
qualification	
la qualification	
تأهيل	
صلاحيت	

der Referenzberuf	der deutsche Beruf, mit dem der ausländische Beruf verglichen wird
comparative job	
la profession comparable à celle acquise à l'étranger	
الوظيفة المرجعية	
شغل معادل	

der **Stichtag**	
qualifying date	
jour fixé	das späteste mögliche Datum
اليوم المحدد	
مهلت	

das **Zeugnis**	
report	eine Urkunde, auf der in Form
le bulletin scolaire	von Noten steht, wie gut die
شهادة	Leistungen eines Schülers oder
مدرک	Lehrlings waren

zulassen	
to admit	jemandem zu einem
autoriser	bestimmten Zweck eine
سمح (ب)	offizielle Erlaubnis geben
مجوز صادر کردن	

die **Zulassung**	
admission	
l'autorisation	eine offizielle Erlaubnis
قبول	
مجوز	

die **Zulassungsbedingung**	
admission requirement	eine Voraussetzung, die eine
la condition d'admission	Person haben muss, um
شروط القبول	eine offizielle Erlaubnis zu
شرط پذیرش	bekommen

Arbeitssuche

das **Anzeigenblatt**	
advertiser	eine kostenlose Zeitung mit
le journal d'annonces	→ **Stellenanzeigen**
الإعلان	
روزنامهٔ آگهی	

die **Arbeitskraft**	
worker	eine Person, die eine Arbeit
le travailleur, la travailleuse	machen kann und eine
اليد العاملة	Arbeitsstelle annehmen kann
نیروی کار	

der **Arbeitsmarkt**	
labour market	die Arbeitsplätze, die es in einer
le marché du travail	Stadt oder einem Land gibt
سوق العمل	
بازار کار	

die **Arbeitsmarktintegration**	
labour market integration	Ausländern die Möglichkeit
l'insertion professionnelle	zum Arbeiten oder zu einer
الإدماج في سوق العمل	→ **Berufsausbildung** geben
اینتگراسیون در بازار کار	

die **Arbeitsstelle**	
post	die Stelle, die man bei einer
l'emploi, le travail	bestimmten Firma hat
الوظيفة	
شغل	

die **Arbeitssuche**	
search for work	die Suche nach einem Arbeitsplatz
la recherche d'un emploi	
البحث عن عمل	
جستجوی کار	

arbeitssuchend	
looking for work	so, dass man sich bemüht, eine Arbeitsstelle zu finden
à la recherche d'un emploi	
باحث عن العمل	
جویای کار	

der/die **Arbeitssuchende**	
job seeker	eine Person, die sich bemüht, eine Arbeitsstelle zu finden
le demandeur d'emploi, la demandeuse d'emploi	
باحث(ة) عن العمل	
جویندهٔ کار	

die **Arbeitssuchendmeldung**	
registering as searching for job	die Information an die zuständige → **Agentur für Arbeit**, dass man sich bemüht, eine (neue) Arbeitsstelle zu finden
l'attestation de recherche d'emploi	
تسجيل البحث عن عمل	
اعلام جستجوی کار	

die **Aushilfe**	
temporary worker	eine Person, die eine Arbeit ohne → **Berufsausbildung** oder nur für kurze Zeit macht
l'aide (temporaire)	
مساعدة	
وردست	

ausschreiben	
to advertise	schriftlich und meistens
mettre au concours	öffentlich über ein
أعلن (وظيفة)	→ **Stellenangebot** informieren
آگهی دادن	

die **Ausschreibung**	
advertisement	eine schriftliche und meistens
la publication d'une annonce	öffentliche Information über
إعلان (عن)	ein → **Stellenangebot**
آگهی	

die **befristete Berufserlaubnis**	
temporary work permit	die Erlaubnis, für eine
le permis de travail limité	festgelegte Zeit in einem Beruf
تصريح مؤقت لممارسة المهنة	zu arbeiten oder bestimmte
اجازهٔ کار موقت	Arbeiten zu erledigen

der **Berufsberater**, die **Berufsberaterin**	
careers adviser	eine Person (bei der → **Agentur**
le conseiller d'orientation professionnelle	**für Arbeit**), die Menschen
مستشار مهني	informiert, welche Ausbildung
مشاور کار	sie machen können oder wo sie
	arbeiten können

die **Berufsberatung**	
careers advice	die Stelle bei der → **Agentur**
l'orientation professionnelle	**für Arbeit**, bei der man
توجيه مهني	Informationen zu Arbeit und
مشاورهٔ شغلی	Ausbildung bekommt (hilft
	auch bei Bewerbungen)

die **Berufschance**	die Karriere, die man mit einer bestimmten → **Berufsausbildung** machen kann
job opportunities	
la perspective professionnelle	
فرص العمل	
امکان کار	

die **Branche**	alle Firmen, die ähnliche Produkte herstellen oder verkaufen, z. B. die Lebensmittelbranche
field	
la branche	
قطاع	
شاخه	

der **Dienstleister**	eine Person oder eine Firma, die eine → **Dienstleistung** anbietet
service company	
le prestataire de services	
مقدم الخدمة	
ارائه‌دهندۀ خدمات	

die **Dienstleistung**	eine Arbeit, bei der man etwas für andere Personen oder Firmen tut und keine Produkte herstellt
service	
la prestation de service	
خدمة	
خدمات	

der **Ein-Euro-Job**	eine Arbeit, für die man pro Stunde einen Euro bekommt
one-euro job	
le job à un euro	
عمل واحد يورو	
کار یک‌یورویی	

die **Einschränkung**	*hier:* eine Krankheit oder leichte → **Behinderung**, wegen der man nicht alle Arbeiten machen kann
restriction	
la restriction	
تقييد	
محدوديت	

der/die **Erwerbstätige**	eine Person, die arbeitet und so Geld verdient
person in gainful employment	
la personne active	
عامل(ة)	
شاغل	

die **Erwerbstätigkeit**	das Arbeiten als → **Arbeitnehmer** oder → **Selbstständiger**
gainful employment	
l'activité professionnelle	
نشاط مهني	
اشتغال	

freiberuflich	so, dass man als → **Selbstständiger** arbeitet (gilt nur für bestimmte Berufe, z. B. Anwälte, Übersetzer und Journalisten)
freelance	
en indépendant	
عامل حر	
شغل آزاد	

die **Ganztagsstelle**	ein Arbeitsplatz mit ca. 40 Stunden pro Woche
full-time position	
le poste à plein temps	
عمل بدوام كامل	
کار تمام‌وقت	

die **geringfügige Beschäftigung**	eine Arbeitsstelle, bei der eine Person maximal 450 Euro pro Monat verdient
part-time employment	*auch* der → **Minijob**
l'emploi à revenu faible	
وظيفة ذات أجر زهيد	
شغل کم‌درآمد	

der **Handel**	*hier:* Firmen, die Waren verkaufen, z. B. Supermärkte
trade	
le commerce	
تجارة	
دادوستد	

das **Handwerk**	ein Beruf, bei dem man besonders mit den Händen arbeitet und mit Instrumenten und Werkzeugen etwas herstellt
craft	
l'artisanat	
حرفة	
فن	

der **Handwerker**, die **Handwerkerin**	ein Arbeiter, der meistens mit den Händen arbeitet und mit Werkzeugen etwas herstellt oder repariert, z. B. Mechaniker
(skilled) manual worker	
l'artisan	
صاحب(ة) حرفة	
صنعتگر	

die **Handwerkskammer**	eine Einrichtung, die die Handwerker vertritt und für die Prüfung am Ende einer → **Berufsausbildung** im → **Handwerk** zuständig ist
chamber of crafts	
la chambre des métiers et de l'artisanat	
غرفة الحرف اليدوية	
اتاق اصناف	

die **Industrie- und Handelskammer (IHK)**	die Vertretung von deutschen Firmen, auch für die Prüfung am Ende einer Ausbildung in einem → **kaufmännischen Beruf** zuständig
chamber of commerce	
la Chambre de commerce et d'industrie	
غرفة الصناعة والتجارة	
اتاق صنایع و بازرگانی	

die **Jobbörse**	die Internetseite der → **Agentur für Arbeit** mit offenen Arbeitsplätzen
job exchange	
la bourse de l'emploi	
موقع إعلان الوظائف	
مرکز کاریابی	

der **kaufmännische Beruf**	ein Beruf, bei dem es um Einkaufen und Verkaufen geht und um Arbeiten, die damit im Zusammenhang stehen
commercial profession	
le métier du commerce	
وظيفة تجارية	
شغل تجاری	

der **Minijob**	eine Arbeit, bei der man maximal 450 Euro pro Monat verdient; *auch* die → **geringfügige Beschäftigung**
minijob	
le mini-job	
عمل ذات أجر زهيد	
کار کوتاه‌مدت کم‌درآمد	

das **Praktikum**	eine (meistens kurze und nicht bezahlte) Tätigkeit in einer Firma, um praktische Erfahrung zu sammeln
practical training	
le stage	
فترة تدريب عملي	
کارآموزی	

selbstständig	
independent	
indépendant	*hier:* mit einer eigenen Firma
قائم بذاته	
مستقل	

der/die Selbstständige	
self-employed person	
le travailleur indépendant, la travailleuse indépendante	eine Person, die eine eigene Firma hat
شخص يشتغل لحسابه الخاص	
دارای شغل آزاد	

die Stelle	
job	
le poste	*hier:* der Arbeitsplatz, die Arbeitsstelle
وظيفة	
شغل	

das Stellenangebot	
job offer	
l'offre d'emploi	eine Arbeitsstelle, die frei ist
عرض عمل	
پیشنهاد شغلی	

die Stellenanzeige	
job advertisement	
l'annonce d'offre d'emploi	die Beschreibung einer offenen Arbeitsstelle in einer Zeitung oder im Internet
إعلان عن وظيفة	
آگهی استخدام	

die **Stellenausschreibung**	
job advertisement	eine schriftliche und meistens
la mise au concours d'un poste	öffentliche Information über
إعلان عن وظيفة	eine Arbeitsstelle, die frei ist
آگهی استخدام	

die **Stellenbörse**	
employment website	offene Arbeitsstellen von
la bourse de l'emploi	verschiedenen Firmen,
موقع بحث عن وظيفة	meistens im Internet
بورس مشاغل	

der **Stellenmarkt**	
job market	
le marché du travail	offene Arbeitsstellen
سوق العمل	
بازار کار	

die **Teilzeit**	
part-time	eine geringere als die übliche
le temps partiel	→ **Arbeitszeit**
دوام جزئي	
پاره وقت	

die **Teilzeitarbeit**	
part-time work	eine Tätigkeit in einer Firma
le travail à temps partiel	mit ca. 15 bis 30 Stunden pro
عمل بدوام جزئي	Woche
کار پاره‌وقت	

die **Teilzeitstelle**	
part-time job	ein Arbeitsplatz mit ca. 15 bis 30 Stunden pro Woche
le travail à temps partiel	
وظيفة بدوام جزئي	
شغل پارەوقت	

die **Umschulung**	
retraining	eine Ausbildung oder ein Kurs in einem neuen Beruf, nachdem eine Person schon eine andere → **Berufsausbildung** gemacht hat
la reconversion	
إعادة التدريب	
کارآموزی مجدد	

ungelernt	
unskilled	ohne → **Berufsausbildung**
non qualifié	
غير ماهر	
غیر فنی	

die **unselbstständige Arbeit**	
salaried employment	eine Tätigkeit mit einem → **Arbeitsvertrag** (als Angestellter oder Arbeiter) bei einer Firma
le travail salarié	
عمل غير مستقل	
کار استخدامی	

die **Vorrangprüfung**	
proof of precedence	die Überprüfung, ob ein → **Asylbewerber** eine Arbeitsstelle bekommen kann, weil sich kein Deutscher oder → **EU-Bürger** beworben hat*
l'examen de la priorité	
أولوية الحصول على الوظيفة	
آزمون تعیین اولویت	

die **Zeitarbeit**	ein System, bei dem
temporary work	eine Person bei einer
le travail temporaire	→ **Zeitarbeitsfirma** angestellt
عمل مؤقت	ist, die sie in anderen Firmen
کار موقت	arbeiten lässt

die **Zeitarbeitsfirma**	
temping agency	eine Firma, die Arbeiter und
la société d'intérim	Angestellte in anderen Firmen
وكالة التوظيف المؤقّت	arbeiten lässt
شرکت کاریابی	

Schwerbehinderte Menschen werden bei gleicher fachlicher und persönlicher Eignung bevorzugt berücksichtigt.	Wenn sich eine Person mit einer → **Behinderung** mit den gleichen Qualifikationen bewirbt, bekommt sie die Arbeitsstelle.
Voraussetzungen für diesen Beruf sind ...	Sie müssen Folgendes für diesen Beruf können oder haben: ...
Zur Verstärkung unseres Teams suchen wir ...	Folgende Arbeitsstelle ist bei uns frei: ...

Bewerbung

die **Absage**	
refusal	die Nachricht, dass eine
la réponse négative	Bewerbung abgelehnt ist
جواب سلبي	
جواب رد	

das **Anschreiben**	der Brief, mit dem man
cover letter	versucht, eine bestimmte
la lettre d'accompagnement	Arbeitsstelle zu bekommen
رسالة تحفيزية	*auch:* das
نامهٔ درخواست	→ **Bewerbungsschreiben**

der **Ansprechpartner**, die **Ansprechpartnerin**	
contact	die Person, die man zu einer
l'interlocuteur, l'interlocutrice	→ **Stellenausschreibung**
جهة الاتصال	ansprechen soll
طرف تماس	

das **Arbeitszeugnis**	
reference from one's employer	ein Dokument über die Qualität
le certificat de travail	der geleisteten Arbeit, das
شهادة عمل	der → **Arbeitgeber** dem
گواهی سابقهٔ کار	→ **Arbeitnehmer** ausstellt

das **Assessment-Center** (AC)	
assessment centre	ein mündlicher und
la mise en situation	schriftlicher Test, bei dem die
مركز التقييم	Fähigkeiten von Kandidaten für
روند ارزیابی کارمندان	eine bestimmte Arbeitsstelle untersucht werden

der **Aufgabenbereich**	
area of responsibility	die Tätigkeiten, die man auf einer Arbeitsstelle tun oder über die man entscheiden muss
les attributions	
نطاق المهام	
محدودهٔ وظایف	

aufgrund meiner **Auslandserfahrung**	
due to my experience abroad	weil ich schon in anderen Ländern war und aus den Erlebnissen dort gelernt habe
suite á mes expériences á l'étranger	
بناءً على خبرتي في الخارج	
بر اساس تجربهٔ من در خارج	

belastbar	
resilient	so, dass man mit Stress und Schwierigkeiten gut umgehen kann
résistant	
قادر على التحمل	
دارای قدرت تحمل	

die **Berufsbezeichnung**	
job title	der Name eines Berufs
le nom de métier	
مسمى الوظيفة	
عنوان کار	

die **Berufserfahrung**	
work experience	die Erlebnisse, die eine Person in ihrem Beruf gehabt hat und aus denen sie gelernt hat
expérience professionnelle	
خبرة فنية	
تجربهٔ کاری	

sich **bewerben**	durch ein Schreiben und/oder ein Gespräch versuchen, eine Arbeitsstelle zu bekommen
to apply	
poser sa candidature à un poste	
يترشح	
تقاضا دادن	

der **Bewerber**, die **Bewerberin**	die Person, die versucht, eine bestimmte Arbeitsstelle zu bekommen
applicant	
le candidat, la candidate	
مترشح (ة)	
متقاضی	

die **Bewerbung**	der Versuch, eine Arbeitsstelle zu bekommen oder das Schreiben, mit dem man sich um sie bewirbt
application	
la candidature	
طلب التقدم إلى وظيفة	
درخواست	

das **Bewerbungsfoto**	ein persönliches Foto auf dem Lebenslauf
application photo	
la photo de candidature	
صورة شمسية للمترشح	
عکس پرسنلی (برای استخدام)	

das **Bewerbungsgespräch**	das Gespräch, in dem man versucht, eine bestimmte Arbeitsstelle zu bekommen *auch:* das → **Vorstellungsgespräch**
(job) interview	
l'entretien d'embauche	
مقابلة لغرض التوظيف	
مصاحبه (برای استخدام)	

die **Bewerbungsmappe**	
application documents	eine Mappe, in die man die
le dossier de candidature	→ **Bewerbungsunterlagen** legt
حافظة المستندات الوظيفية	
پوشهٔ مدارک برای تقاضای کار	

das **Bewerbungsschreiben**	
(letter of) application	der Brief, mit dem man
la lettre de candidature	versucht, eine bestimmte
رسالة طلب استخدام	Arbeitsstelle zu bekommen
نامهٔ درخواست استخدام	

die **Bewerbungsunterlagen**	
application documents	die Dokumente, die man für
le dossier de candidature	eine Bewerbung braucht:
مرفقات طلب التقدم إلى وظيفة	→ **Anschreiben**, Lebenslauf
مدارک تقاضای کار	und Zeugnisse

die **Blindbewerbung**	
unsolicited job application	eine Bewerbung bei
la candidature spontanée	einer Firma, obwohl sie
تقدم لوظيفة دون إعلان عنها	kein → **Stellenangebot**
تقاضای کار بدون آگهی استخدام	ausgeschrieben hat
	(→ **ausschreiben**)
	auch: die → **Initiativbewerbung**

der **Eintrittstermin**	
starting date	
la date d'entrée	der erste Tag bei einer neuen
تاريخ البدء	Arbeitsstelle
تاريخ شروع	

die **Fähigkeit**	
ability	
la compétence	etwas, das man kann oder weiß
كفاءة	
توانایی	

flexibel	
flexible	so, dass man sich anpassen
flexible	kann, wenn sich die Situation
مرن	und die Bedingungen
دارای انعطاف	verändern

die **Gehaltsvorstellung**	
salary expectations	
les prétentions	die Summe Geld, die man für
الراتب المتوقع	richtig hält, für eine Arbeit zu
حقوق مورد نظر	bekommen

die **Initiativbewerbung**	
unsolicited job application	eine Bewerbung bei
la candidature spontanée	einer Firma, obwohl sie
تقدم لوظيفة دون إعلان عنها	kein → **Stellenangebot**
تقاضای کار بدون آگهی استخدام	ausgeschrieben hat
	(→ **ausschreiben**)
	auch: die → **Blindbewerbung**

die **Kenntnis**	
knowledge	
la connaissance	das gesamte Wissen auf
درایة (ب)	einem Gebiet, das man durch
آگاهی	Erfahrung und Lernen hat

die **Kommunikationsfähigkeit**	die Fähigkeit einer Person, anderen Menschen Informationen, Gedanken und Gefühle mitzuteilen
communication skills	
la capacité à communiquer	
مهارات التواصل	
توانایی ارتباط	

der **Lebenslauf**	eine Tabelle für eine Bewerbung, in der eine Person Informationen über ihren → **Schulabschluss** und ihre → **Berufserfahrung** gibt
curriculum vitae, CV	
le curriculum vitae	
سيرة ذاتية	
رزومه	

das **Online-Bewerberportal**	die Internetseite, auf der man versucht, eine bestimmte Arbeitsstelle zu bekommen
online job portal	
le portail d'inscription en ligne	
البوابة الإكترونية لمقدمو طلبات عمل	
پورتال آنلاین درخواست کار	

die **Online-Bewerbung**	die E-Mail mit Anlagen, mit der man versucht, eine bestimmte Arbeitsstelle zu bekommen
online application	
la candidature en ligne	
طلب وظيفة عبر الإنترنت	
تقاضای آنلاین کار	

das **Praktikumszeugnis**	eine schriftliche Bestätigung über ein Praktikum
letter of recommendation	
le certificat de stage	
شهادة التدريب المهني	
مدرک کارآموزی	

praktische Erfahrung sammeln	arbeiten und etwas über die Tätigkeiten lernen, die man dabei macht
to gain practical experience	
acquérir une expérience pratique	
كسب خبرة عملية	
تجربهٔ کاری کسب کردن	

die **Sprachkenntnisse**	die Sprachen, die man sprechen und schreiben kann
language skills	
les connaissances des langues	
مهارة اللغات	
دانش زبانی	

teamorientiert	so, dass man gern und gut in einer Gruppe arbeitet
team-oriented	
orienté sur l'équipe	
يستهدف عمل في فريق	
هماهنگ با تیم	

das **Vorstellungsgespräch**	das Gespräch, in dem man versucht, eine bestimmte Arbeitsstelle zu bekommen *auch:* das → **Bewerbungsgespräch**
(job) interview	
l'entretien (d'embauche)	
مقابلة (شخصية)	
مصاحبه استخدامی	

zuverlässig	so, dass man sich auf eine Person oder Sache verlassen kann
reliable	
fiable	
موثوق به	
قابل اعتماد	

Arbeitsvertrag

die **Akkordarbeit**	eine Arbeit, bei der der Arbeiter nicht nach Zeit bezahlt wird, sondern z. B. danach, wie viele Teile er hergestellt hat
piecework	
le travail à la pièce	
عمل بالوحدة	
مقاطعه‌کاری	

das **Anstellungsverhältnis**	die rechtliche Beziehung zwischen einem → **Arbeitnehmer** und einem → **Arbeitgeber** mit einem → **Arbeitsvertrag**
terms of employment	
le type de recrutement	
عقد توظيف	
وضعیت استخدامی	

der **Arbeitgeber**, die **Arbeitgeberin (AG)**	eine Person oder Firma, die Leute als Arbeiter oder Angestellte beschäftigt und ihnen dafür Geld zahlt
employer	
l'employeur, l'employeuse	
صاحب(ة) العمل	
کارفرما	

der **Arbeitnehmer**, die **Arbeitnehmerin (AN)**	eine Person, die einen → **Arbeitsvertrag** mit einer Firma hat
employee	
l'employé, l'employée	
الموظف(ة)	
کارمند	

der **Arbeitsort**	der Ort, an dem sich der Arbeitsplatz eines → **Arbeitnehmers** befindet
place of work	
le lieu de travail	
مكان العمل	
محل کار	

der **Arbeitsplatz**	
workplace	eine Stelle in einer Firma, an
le lieu de travail	der eine → **Arbeitskraft** ihre
مكان العمل	Aufgaben erledigen kann
محل کار	

der **Arbeitsschutz**	
employment protection	der → **gesetzlich** festgelegte
la sécurité du travail	Schutz der → **Arbeitnehmer**,
الأمان الصناعي	damit Gefahren für
ایمنی شغلی	ihre Gesundheit und
	→ **Arbeitsunfälle** vermieden
	werden

die **Arbeitsstätte**	
place of employment	
le lieu de travail	der Betrieb, in dem man
محل العمل	arbeitet
محل کار	

der **Arbeitstag**	
working day	die Zeit am Tag, zu der eine
la journée de travail	Person arbeitet
يوم عمل	*oder* ein Tag, an dem man in
روز کاری	dem Beruf arbeitet

arbeitsunfähig	
unable to work	
en incapacité de travail	so, dass man nicht arbeiten
غير قادر على العمل	kann, weil man krank ist
ازکارافتاده	

die **Arbeitsunfähigkeit**	
incapacity for work	der Zustand, dass eine Person
l'incapacité de travail	nicht arbeiten kann, weil sie
عجز عن العمل	krank ist
ازکارافتادگی	

die **Arbeitsunfähigkeits-bescheinigung**	
certificate of incapacity for work	die Bestätigung von einem Arzt,
le certificat d'arrêt de travail	dass eine Person nicht arbeiten
شهادة بإجازة مرضية	kann, weil sie krank ist
گواهی ازکارافتادگی	

der **Arbeitsunfall**	
accident at work	
l'accident du travail	ein Unfall während der Arbeit
حادث عمل	
حادثهٔ حین کار	

das **Arbeitsverhältnis**	
employment contract	die rechtliche Beziehung
le rapport de travail	zwischen einem
علاقة عمل	→ **Arbeitnehmer** und einem
وضعیت کاری	→ **Arbeitgeber**

die **Arbeitsverhinderung**	
inability to work	ein Grund, weshalb eine Person
l'incapacité d'aller travailler	(an einem Tag oder für eine
تعطيل العمل	bestimmte Zeit) nicht zur Arbeit
مانع در انجام کار	kommen kann

der **Arbeitsvertrag**	
employment contract	der schriftliche Vertrag zwischen der Firma und dem Arbeiter oder dem Angestellten
le contrat de travail	
عقد عمل	
قرارداد کاری	

die **Arbeitszeit**	
working hours	die Anzahl der Stunden, die jemand arbeitet oder wann diese Stunden gearbeitet werden müssen
les heures de travail	
أوقات/ساعات العمل	
ساعت کار	

eine **ärztliche Bescheinigung vorlegen**	
to provide a medical certificate	eine Bestätigung von einem Arzt abgeben
présenter un certificat médical	
قدَّم إجازة مرضية	
ارائه دادن گواهی پزشک	

das **Aufgabengebiet**	
area of duties	die verschiedenen Arbeiten, die jemand erledigen muss
le profil de l'emploi	
نطاق الواجبات	
حوزۀ وظایف	

außertariflich	
not covered by a collective agreement	mehr als im → **Tarifvertrag** festgelegt
dépassant les conventions tarifaires	
زائد عن التعرفة	
خارج از تعرفه	

die **Beeinträchtigung**	
impairment	ein Grund, weshalb eine Person
la déficience	nicht alle Arbeiten machen
نقص في الأداء	kann
اختلال	

befristet	
temporary	
à durée déterminée	für eine bestimmte Zeit
محدود الأجل	
محدود	

das **Betriebsgeheimnis**	
trade secret	Informationen über eine Firma,
le secret professionnel	die nur Personen mitgeteilt
سر المهنة	werden dürfen, die dort auch
اسرار كارى	arbeiten

das **Ehrenamt**	
honorary office	
le bénévolat	eine freiwillige und nicht
العمل التطوعي	bezahlte Tätigkeit
كار داوطلبانه	

die **ehrenamtliche Tätigkeit**	
voluntary work	eine Arbeit, die nicht bezahlt
le travail bénévole	wird und die eine Person
عمل تطوعي	freiwillig macht
كار افتخارى	

eingestellt	
hired	*hier:* so, dass man gerade einen → **Arbeitsvertrag** mit einer Firma bekommen hat
embauché	
موظّف	
استخدام‌شده	

der **Einsatzort**	
place of deployment	der Ort, an dem eine Person arbeitet (wenn dieser Ort nicht immer gleich ist)
le lieu de travail	
موقع العمل	
محل مأموریت	

die **Elternzeit**	
(extended) parental leave	die Zeit nach der Geburt eines Kindes, während der die Mutter oder der Vater bis zu drei Jahre lang die Arbeit unterbrechen kann
le congé parental	
إجازة الأمومة/الأبوة	
مرخصی والدین	

die **Feiertagsarbeit**	
public holiday work	das Arbeiten an einem Feiertag (z. B. am 1. Mai oder an Weihnachten)
le travail en jours fériés	
عمل في يوم عطلة	
کار در روز تعطیل	

die **Freistellung**	
exemption	die Zeit, zu der eine Person nicht arbeiten muss, aber für die sie Lohn oder Gehalt bekommt
l'exemption	
إعفاء	
معافیت	

fristlos	
without notice	sofort, ohne dass man eine bestimmte Zeit lang warten muss
sans préavis	
على الفور	
بدون مهلت	

die **Fünftagewoche**	
five-day (working) week	die Arbeit von montags bis freitags
la semaine de cinq jours	
أسبوع بخمس أيام عمل	
پنج روز کاری هفته	

gesetzlich	
legal	nach dem Gesetz
légal	
قانوني	
قانونی	

die **Gewerkschaft**	
trade union	eine Organisation zur Vertretung der Interessen der → **Arbeitnehmer**
le syndicat	
نقابة (عمال)	
اتحادیه	

die **Gleitzeit**	
flextime	ein System, bei dem die tägliche → **Arbeitszeit** nicht fest ist, die Person aber jeden Monat eine bestimmte Anzahl von Stunden arbeitet
l'horaire variable	
ساعات عمل متغيرة	
ساعات آزاد کاری	

kalenderjährlich	
per calendar year	in jedem Jahr von Januar bis Dezember
pour l'année civile	
تقويم سنوي	
سالانه	

der **Kalendermonat**	
calendar month	ein Monat vom ersten bis zum letzten Tag
le mois civil	
شهر تقويمي	
ماه تقویمی	

die **Krankmeldung**	
notification of illness	die Information an den → **Arbeitgeber** (den Chef oder die → **Personalabteilung**), dass man krank ist
l'avis d'arrêt maladie	
إجازة مرضية	
برگهٔ اطلاع بیماری	

kündigen	
to hand in one's notice	den → **Arbeitsvertrag** beenden
résilier	
أخطر (ه) بترك العمل	
فسخ کردن	

die **Kündigung**	
notice	die → **Mitteilung**, dass der → **Arbeitsvertrag** beendet wird
le licenciement	
إنهاء عقد عمل	
فسخ قرارداد	

die **Kündigungsfrist**	
period of notice	das Datum, bis zu dem eine Kündigung angekommen sein muss
le délai de préavis	
أجل الإشعار	
مهلت استعفا	

der **Kündigungsgrund**	
grounds for giving notice	die Begründung, warum ein → **Arbeitsvertrag** beendet wird
le motif de licenciement	
سبب الإنهاء	
دلیل اخراج	

der **Kündigungsschutz**

protection against wrongful dismissal

la protection contre les licenciements abusifs

حماية من الفصل

حمایت قانونی در برابر اخراج

der Schutz für bestimmte Personen, damit sie durch die Kündigung nicht in eine schlimme Situation kommen

die **Kurzarbeit**

reduced hours

chômage partiel

عمل مخفض زمنه

کار کوتاه‌مدت

eine → **Arbeitszeit**, die kürzer ist als normal, weil es in der Firma gerade nicht genug Arbeit gibt

die **Mittagspause**

lunch break

la pause de midi

فسحة الظهر/الغداء

وقت ناهار

die Pause für das Mittagessen

mündlich

verbal

verbal

شفهي

شفاهی

nicht geschrieben, man hat nur darüber gesprochen

der **Mutterschutz**

legal protection of expectant and nursing mothers

la protection maternelle et infantile

حماية الأمومة

حمایت قانونی از مادران

die Vorschriften in den deutschen Gesetzen zum Schutz von Mutter und Kind vor und nach der Geburt des Kindes

nach Ablauf der Probezeit	
at the end of the probationary period	nach den ersten drei oder sechs Monaten auf einer neuen Arbeitsstelle
après la période d'essai	
بعد انقضاء قترة الاختبار	
بعد از اتمام دورهٔ آزمایشی	

die Nachtarbeit	
night-work	das Arbeiten während der Nacht
le travail de nuit	
العمل الليلي	
شب‌کاری	

die Nachtschicht	
night shift	die → Schichtarbeit während der Nacht
le poste de nuit	
نوبة ليلية	
شیفت شب	

die Nebentätigkeit	
secondary employment	eine zweite Arbeit bei einer anderen Firma (wenige Stunden pro Woche)
l'activité secondaire	
أعمال إضافية	
شغل فرعی	

die Pausenzeiten	
breaks	die Zeit, in der man bei der Arbeit Pausen machen darf oder muss
les pauses	
أوقات الاستراحة	
ساعات استراحت	

die **Probezeit**	
trial period	die ersten drei oder sechs
la période d'essai	Monate auf einer neuen
فترة اختبار	Arbeitsstelle
دورهٔ آزمایشی	

die **Rente**	
pension	das Geld, das eine Person
la retraite	bekommt, die nicht mehr
معاش (التقاعد)	arbeiten muss (ab circa 65-67
حقوق بازنشستگی	Jahren)

der **Rentenbeginn**	
start of retirement	
le début de la retraite	der erste Tag des
بداية التقاعد	→ **Ruhestands** einer Person
آغاز بازنشستگی	

der **Ruhestand**	
retirement	die Zeit, in der eine Person
la retraite	nicht mehr arbeiten muss und
تقاعد	Rente bekommt, weil sie ein
بازنشستگی	bestimmtes Alter hat (ca. 65-67
	Jahre)*

die **Schichtarbeit**, der **Schichtdienst**	
shift work	die Arbeit zu verschiedenen
le travail posté	Zeiten, z. B. in einer Woche
عمل بنظام المناوبة	von 8 bis 16 Uhr und in der
شیفت کاری	nächsten von 22 Uhr bis 6 Uhr

schriftlich	
in writing	geschrieben, nicht nur gesprochen
par écrit	
كتابي	
كتبى	

der/die **Schwerbehinderte**	
severely disabled person	eine Person mit einer schweren → **Behinderung**
le grand invalide, la grande invalide	
شخص ذات إعاقة كبيرة	
معلول شديد	

die **Sonntagsarbeit**	
Sunday working	das Arbeiten an einem Sonntag
le travail du dimanche	
العمل في يوم الأحد	
کار در روز یکشنبه	

der **Tarifvertrag**	
collective agreement	ein Vertrag zwischen Gewerkschaften und → **Arbeitgebern** über die Höhe der Löhne und Gehälter und andere Rechte und Pflichten*
la convention collective	
اتفاقية عمل جماعية	
قرارداد تعرفه‌ای	

die **Tätigkeit**	
work	die Arbeiten, die eine Person erledigt
l'activité	
شغل	
کار	

das **Tätigkeitsfeld**	
field of activity	alle Arbeiten zusammen, die man macht
le champ d'activité	
مجال نشاط	
حوزهٔ کاری	

die **Teilzeit**	
part-time	eine Arbeit mit circa 15 bis 30 Stunden pro Woche
le temps partiel	
دوام جزئي	
پاره وقت	

die **Teilzeitarbeit**	
part-time work	eine Tätigkeit in einer Firma mit ca. 15 bis 30 Stunden pro Woche
le travail à temps partiel	
عمل بدوام جزئي	
کار پاره‌وقت	

in **Teilzeit arbeiten**	
to work part-time	nicht 35-40 Stunden pro Woche, sondern z. B. nur 20 Stunden arbeiten
travailler à mi-temps	
يعمل بدوام جزئي	
پاره وقت کار کردن	

der/die **Teilzeitbeschäftigte**	
part-time employee	eine Person, die circa 15 bis 30 Stunden pro Woche arbeitet
l'employé(e) à temps partiel	
عامل(ـة) بدوام جزئي	
کارمند پاره‌وقت	

die **Teilzeitstelle**	
part-time job	ein Arbeitsplatz mit ca. 15 bis 30 Stunden pro Woche
le travail à temps partiel	
وظيفة بدوام جزئي	
شغل پاره‌وقت	

die **Überstunden**	
overtime	die Zeit, die eine Person mehr arbeitet als im Vertrag festgelegt
l'heure supplémentaire	
ساعة إضافية	
ساعات إضافية	

untersagen	
to forbid	verbieten, nicht erlauben
prohiber	
منع (من)	
ممنوع کردن	

der **Urlaub**	
leave	die Zeit im Jahr, in der eine Person nicht arbeitet, weil sie frei hat
le congé	
عطلة	
مرخصی	

der **Urlaubsanspruch**	
leave entitlement	die Tage pro Jahr, an denen ein → **Arbeitnehmer** frei nehmen kann (20 bis circa 30 Tage)
le droit au congé	
حق الإجازة	
حق مرخصی	

die **Vergütung**	
salary	das Geld, das eine Person für ihre Arbeit bekommt
le paiement	
أجر	
دستمزد	

der **Vergütungsanspruch**	
salary entitlement	das Recht, dass eine Person Geld für ihre Arbeit bekommt, und wie viel Geld sie dafür bekommt
le droit à la rémunération	
الحق في الأجر	
حق دریافت مزد	

die **Verschwiegenheit**	
discretion	bestimmte Informationen nicht anderen Personen mitteilen
la discrétion	
تكتم	
رازداری	

der **Vertrag**	
contract	eine schriftliche → **Vereinbarung** zwischen zwei oder mehr Personen, an die sich alle halten müssen
le contrat	
عقد	
قرارداد	

die **Vertragsbedingung**	
contractual requirement	ein Punkt, der in einem Vertrag festgelegt wurde
la condition contractuelle	
بند العقد	
بند قرارداد	

die **Vertragspartei**	
contracting party	eine Person oder Firma, die einen Vertrag unterschreibt
la partie contractante	
طرف العقد	
طرف قرارداد	

die **Weisungen**	
directives	die Informationen (vom Chef), welche Arbeiten eine Person erledigen muss und wie sie sich verhalten muss
les directives	
تعليمات	
دستورالعمل‌ها	

wöchentlich	
weekly	pro Woche, jede Woche
hebdomadaire	
أسبوعيا	
هفتگی	

Das Arbeitsverhältnis ist auf unbestimmte Zeit geschlossen.	Die Dauer des → **Arbeitsvertrages** ist nicht begrenzt.
Das Arbeitsverhältnis ist zeitlich befristet und endet am ...	Der → **Arbeitsvertrag** gilt nur bis zu diesem Datum.
Der Arbeitnehmer erhält eine monatliche Bruttovergütung von ... €.	Der Angestellte bekommt jeden Monat so viel Geld → **brutto**.
Der Arbeitnehmer erhält einen Stundenlohn von ... €.	Der Arbeiter bekommt für jede Stunde so viel Geld.
Die ersten sechs Monate gelten als Probezeit.	Sechs Monate lang kann der → **Arbeitgeber** kündigen, wenn die Arbeit nicht gut genug erledigt wird.*
Die wöchentliche Arbeitszeit beträgt ... Stunden.	Die Person muss jede Woche so viele Stunden arbeiten.
Überstunden werden durch Freizeit oder Geld ausgeglichen.	Wenn eine Person mehr Zeit arbeitet, als im Vertrag steht, wird sie diese Zeit als Urlaub nehmen können oder Geld dafür bekommen.

Lohn und Gehalt

die **Abrechnung**	das Dokument mit der Liste, wie viel Geld der → **Arbeitnehmer** für seine Arbeit bekommt
statement	
le décompte	
تصفية الحساب	
صورت‌حساب	

der **Abzug**	das Geld, das man nicht bekommt, sondern der → **Arbeitgeber** z. B. direkt an die → **Krankenversicherung** zahlen muss
deduction	
la déduction	
خصم	
کسر	

die **Arbeitslosenversicherung (AV)**	eine Versicherung für den Fall, dass man seine Arbeitsstelle verliert und nicht sofort eine neue bezahlte Tätigkeit findet
unemployment insurance	
l'assurance chômage	
تأمين البطالة	
بیمهٔ بیکاری	

die **Auszahlung**	das Zahlen von Geld an eine Person, z. B. das Gehalt
payment	
le paiement	
دفع	
پرداخت	

der **Auszahlungsbetrag**	die Summe Geld, die eine Person bekommt
amount paid out	
le montant du paiement	
المبلغ المدفوع	
مبلغ پرداختی	

die **Ballungsraumzulage**	*etwa:* das Geld, das eine Person zusätzlich zum Gehalt bekommt, wenn sie in einer großen Stadt wohnt und für ein Amt arbeitet*
metropolitan weighting allowance	
la prime agglomération multicommunale	
علاوة للمناطق كثيفة السكان	
کمک‌هزینهٔ کلان‌شهری	

das **Bankkonto**	ein Vertrag mit einer Bank; man kann Geld einzahlen und abheben
bank account	
le compte en banque	
حساب مصرفي	
حساب بانکی	

der **Beitrag**	das Geld, das man z. B. für eine Versicherung bezahlen muss
contribution	
la contribution	
مساهمة (في)	
سهم	

die **Berechnung**	durch Rechnen feststellen, wie hoch ein Betrag ist
calculation	
le calcul	
حساب	
محاسبه	

der **Betrag**	eine Summe Geld
amount	
le montant	
مبلغ	
مبلغ، وجه	

brutto	
gross	darauf müssen Steuern und andere Kosten (für → **Krankenversicherung** etc.) gezahlt werden
brut	
إجمالي	
ناخالص	

das **Bruttomonatsgehalt**	
gross monthly salary	das Geld, das man jeden Monat für seine Arbeit bekommt, vor → **Abzug** von Steuern und anderen Kosten
le salaire mensuel brut	
إجمالي الراتب الشهري	
حقوق ناخالص ماهیانه	

die **Einkommen-steuererklärung**	
income tax return	die → **Mitteilung** auf einem Formular an das → **Finanzamt**, mit der festgelegt wird, wie viele Steuern eine Person bezahlen muss
la déclaration d'impôt sur le revenu	
إقرار ضريبة الدخل	
گواهی مالیات بر درآمد	

die **Einkünfte**	
income	das Geld, das man als Lohn, Gehalt, Miete usw. bekommt
les revenus	
المداخيل	
درآمد	

das **Fahrgeld**	
fare	das Geld, das manche → **Arbeitnehmer** für den Weg zur Arbeit bekommen
les frais de transport	
أجرة الركوب	
هزینهٔ رفت و آمد (کاری)	

das **Festgehalt**	
fixed salary	das Geld, das ein Angestellter jeden Monat auf jeden Fall bekommt
le salaire fixe	
مرتب ثابت	
حقوق ثابت	

das **Gehalt**	
salary	das Geld, das ein Angestellter für seine Arbeit bekommt
le salaire	
راتب	
حقوق	

die **Gehaltsabrechnung**	
salary statement	eine Liste mit Gehalt, Steuern etc., die ein Angestellter jeden Monat von seinem → **Arbeitgeber** bekommt
le bulletin de salaire	
كشف الأجر	
فیش حقوقی	

die **gesetzliche Krankenversicherung (GKV)**	
statutory health insurance	die staatliche → **Krankenversicherung** für alle Personen in Deutschland
la sécurité sociale	
التأمين الصحي العام	
بیمهٔ درمانی ضروری	

das **Girokonto**	
current account	ein → **Bankkonto**, auf das der → **Arbeitgeber** z. B. das Gehalt überweisen kann
le compte courant	
الحساب الجاري	
حساب جاری	

die **Jahressumme**	
annual total	der Betrag, den man insgesamt in einem Jahr bekommt
la somme annuelle	
الإجمالي السنوي	
جمع کل سالیانه	

der **Kinderfreibeitrag (Ki.Frbtr.)**	
child tax credit	ein Betrag, auf den Eltern von → **minderjährigen** Kindern keine Steuern bezahlen müssen*
l'abattement pour enfants à charge	
إعفاء رعاية الأطفال	
مبلغ معاف از مالیات هزینهٔ فرزند	

die **Kirchensteuer**	
church tax	die Steuer, die jeder → **Arbeitnehmer**, der Mitglied in einer Kirche ist, bezahlen muss
l'impôt destiné à l'Église	
ضريبة الكنيسة	
مالیات کلیسا	

das **Konto**	
account	ein Vertrag mit einer Bank; man kann Geld einzahlen und abheben
le compte	
حساب بنكي	
حساب (بانکی)	

ein **Konto einrichten**	
to set up an account	einen Vertrag für ein Konto unterschreiben
ouvrir un compte	
فتح حسابا بنكيا	
ایجاد کردن حساب کاربری	

die **Krankenversicherung (KV)**	eine Versicherung, die für Besuche beim Arzt oder im Krankenhaus und Medikamente etc. bezahlt
medical insurance	
l'assurance maladie	
تأمين/ضمان صحي	
بیمهٔ درمانی	

das **Kurzarbeitergeld**	das Geld von der → **Agentur für Arbeit**, das ein Arbeiter bei → **Kurzarbeit** bekommt
short-time allowance	
l'indemnisation du chômage partiel	
اجر عمل قصير المدى	
پرداخت موقت حقوق توسط ادارهٔ کار	

der **Lohn**	das Geld, das ein Arbeiter für seine Arbeit bekommt
wage	
le salaire	
أجر	
دستمزد	

die **Lohnabrechnung**	die Liste mit der Zahl der gearbeiteten Stunden, dem Lohn und den Steuern etc., die ein Arbeiter jeden Monat bekommt
pay slip	
la feuille de paie	
كشف الراتب	
فیش حقوقی	

die **Lohnsteuer**	die Steuer, die ein Arbeiter oder Angestellter für das Geld, das er mit seiner Arbeit verdient, an den Staat zahlen muss
income tax	
l'impôt sur le salaire	
ضريبة الأجور	
مالیات بر درآمد	

die **Lohnsteuerklasse**	eine "Klasse" von 1 bis 6 für → **Arbeitnehmer**, die festlegt, in welcher Höhe Steuern vom Lohn oder Gehalt bezahlt werden müssen*
income tax bracket	
la tranche d'imposition de l'impôt sur le salaire	
فئة الضريبة على الدخل	
گروه مالیاتی	

der **Mindestlohn**	das Geld, das ein → **Arbeitgeber** pro Stunde mindestens bezahlen muss (→ **gesetzlich** festgelegt)
minimum wage	
le salaire minimum	
الأجر الأدنى	
حداقل دستمزد	

das **Monatsgehalt**	das Geld, das ein Angestellter jeden Monat für seine Arbeit bekommt
monthly salary	
salaire mensuel	
راتب شهري	
حقوق ماهانه	

die **Monatssumme**	das gesamte Geld für einen Monat
monthly total	
le montant mensuel	
الإجمالي الشهري	
جمع کل ماهانه	

das **Mutterschaftsgeld**	das Geld, das eine Frau während der Zeit des → **Mutterschutzes** bekommt, wenn sie während der Schwangerschaft gearbeitet hat
maternity pay	
les allocations de maternité	
بدل الأمومة	
مزایای پس از زایمان	

netto	
net	minus Steuern und andere Kosten (für → **Krankenversicherung** etc.)
net	
بالصافي	
خالص	

die **Nettobezüge**	
net earnings	das Geld, das eine Person für ihre Arbeit → **netto** bekommt
le montant net de la rétribution	
صافي الدخل	
درآمد خالص	

der **Nettoverdienst**	
net income	der Lohn oder das Gehalt, das eine Person → **netto** bekommt
la rémunération nette	
صافي الدخل	
حقوق خالص	

die **Pflegeversicherung** (PV)	
nursing care insurance	eine Versicherung, in die jeder → **Arbeitnehmer** einzahlt, für Hilfen für Personen, die nicht mehr für sich selbst sorgen können*
l'assurance-dépendance	
تأمين العناية الصحية	
بیمهٔ مراقبت‌های پرستاری	

die **private Krankenversicherung** (PKV)	
private medical insurance	eine alternative → **Krankenversicherung** zur → **gesetzlichen Krankenversicherung***
l'assurance maladie privée	
تأمين صحي خاص	
بیمهٔ درمانی خصوصی	

die **Rentenversicherung (RV)**	eine Versicherung, in die jeder → **Arbeitnehmer** einzahlt und von der er während der Zeit des → **Ruhestands** Geld bekommt
pension scheme	
l'assurance vieillesse	
تأمين التقاعد	
بیمه بازنشستگی	

die **Rentenversicherungs- nummer (RVNR)**	ein Kennzeichen mit Buchstaben und Zahlen für Personen, die in der → **gesetzlichen** → **Rentenversicherung** versichert sind
National Insurance number	
le numéro d'immatriculation sociale	
رقم التأمين	
شمارۀ بیمه	

der **Solidaritätszuschlag**	ein Betrag, den man in Deutschland zusätzlich zur Steuer an den Staat bezahlen muss
solidarity surcharge on income tax	
la contribution de solidarité	
ضريبة تضامن إضافية	
اضافه‌مالیات همبستگی	

die **Sonderleistung**	eine zusätzliche Zahlung, die nicht jeder bekommt oder die man nur einmal bekommt
special payment	
la rétribution spéciale	
الخدمة الخاصة	
خدمات ویژه	

die **Sozialversicherung**	die → **Krankenversicherung**, → **Unfallversicherung**, → **Rentenversicherung**, → **Pflegeversicherung** und → **Arbeitslosenversicherung**
national insurance	
la sécurité sociale	
تأمين اجتماعي	
بیمۀ اجتماعی	

die Sozialversicherungs-nummer	ein Kennzeichen mit Buchstaben und Zahlen für Personen, die in der → **gesetzlichen** → **Rentenversicherung** versichert sind
social security number	
le numéro de sécurité social	
رقم الضمان الاجتماعي	
شمارهٔ بیمهٔ تأمین اجتماعی	

die Steuer	*hier:* der Teil des Lohns oder Gehalts, den jeder an den Staat bezahlen muss
tax	
l'impôt	
ضريبة	
مالیات	

steuerfrei	ohne dass man Steuern darauf bezahlen muss
tax-free	
exonéré d'impôt	
معفى من الضريبة	
معاف از مالیات	

die Steuerklasse (StKl.)	eine "Klasse" von 1 bis 6 für → **Arbeitnehmer**, die festlegt, in welcher Höhe Steuern vom Lohn oder Gehalt bezahlt werden müssen*
tax bracket	
la tranche d'imposition	
شريحة ضريبية	
گروه مالیاتی	

die steuerliche Identifikationsnummer (IdNr.)	eine Nummer für Personen, die Steuern an das → **Finanzamt** bezahlen
tax ID number	
le numéro d'immatriculation fiscale	
رقم الهوية الضريبية	
شمارهٔ شناسایی مالیاتی	

steuerrechtlich	
under tax law	nach dem Recht, das für das Zahlen von Steuern gilt
concernant la fiscalité	
ضريبي	
طبق قانون ماليات	

tariflich	
agreed	nach dem → **Tarifvertrag**
tarifaire	
حسب التعريفة المتفق عليها	
تعرفه‌ای	

das **Urlaubsgeld**	
holiday pay	das Geld, das manche → **Arbeitnehmer** (im Sommer) zusätzlich zum Lohn oder Gehalt bekommen
la prime de vacances	
علاوة للإجازة	
مزایای مرخصی	

verdienen	
to earn	*hier:* Geld für die Arbeit bekommen
gagner	
كسب	
پول درآوردن	

die **Verdienstbescheinigung**	
payslip	das Dokument, auf dem steht, wie viel Geld eine Person für ihre Arbeit bekommt
l'attestation de salaire	
كشف الدخل	
گواهی درآمد	

die **Vergütung**	
payment	*hier:* das Geld, das eine Person für ihre Arbeit bekommt
la rémunération	
تعويض	
دستمزد	

die **vermögenswirksamen Leistungen (VWL)**	
capital-forming benefits	das Geld, das manche → **Arbeitgeber** zahlen, wenn ein → **Arbeitnehmer** einen Vertrag zum Sparen hat
l'épargne salariale en entreprise	
منحة الادخار	
حقوق سهامداری کارمندان	

die **Versicherungsnummer**	
National Insurance number	ein Kennzeichen mit Buchstaben und Zahlen für Personen, die in der → **gesetzlichen** → **Rentenversicherung** versichert sind
le numéro d'immatriculation sociale	
رقم التأمين	
شمارهٔ بیمه	

das **Weihnachtsgeld**	
Christmas bonus	das Geld, das manche → **Arbeitnehmer** im November oder Dezember zusätzlich zum Gehalt bekommen
la prime de fin d'année	
علاوة عيد الميلاد	
عیدی برای کریسمس	

Im Unternehmen

die **Abteilung**	
department	ein Teil der Mitarbeiter
le service	einer Firma mit bestimmten
قسم	Aufgaben
بخش	

der **Abteilungsleiter**, die **Abteilungsleiterin**	
head of department	eine Person, die die
le chef de service	Verantwortung für die Arbeit
رئيس(ة) قسم	und die Kollegen einer
رئیس بخش	Abteilung hat

der/die **Angestellte**	
(salaried) employee	eine Person, die in einer Firma
l'employé, l'employée	arbeitet und monatlich Geld
موظف(ة)	dafür bekommt
کارمند	

der **Arbeiter**, die **Arbeiterin**	
worker	eine Person, die (meist
l'ouvrier, l'ouvrière	körperlich) arbeitet und
عامل(ة)	dafür Geld bekommt
کارگر	

der **Aufsichtsrat**	
(supervisory) board	eine Gruppe von Personen
le conseil de surveillance	in größeren Firmen, die
لجنة المراقبة	die Entscheidungen des
شورای نظارت	→ **Vorstands** kontrollieren

die **Aushilfe**	eine Person, die nur für eine kurze Zeit in einer Firma arbeitet oder jemanden vertritt
temporary worker	
l'aide (temporaire)	
مساعدة	
وردست	

der **Betrieb**	eine Einrichtung, in der Waren oder Dienste produziert werden
business	
l'entreprise	
مؤسسة	
شرکت	

der **Betriebsrat**	eine Gruppe von Kollegen, die sich für die Rechte aller Arbeiter oder Angestellten in einer Firma einsetzt
works council	
le comité d'entreprise	
مجلس ممثلي العمال	
شورای کارکنان	

der **Chef**, die **Chefin**	ein Mann oder eine Frau, die eine Gruppe von Mitarbeitern oder eine Firma leiten
boss	
le patron, la patronne	
رئيس(ة)	
رئیس	

die **Fachkraft**	eine Person, die eine Ausbildung (meistens zu einem → **kaufmännischen Beruf**) erfolgreich beendet hat
qualified employee	
la personne qualifiée	
الأخصائيون	
متخصص	

die **Firma**	ein meist privates → **Unternehmen**, in dem Waren produziert werden oder das mit Waren handelt
company	
l'entreprise	
شركة	
شرکت	

der freie Mitarbeiter, **die freie Mitarbeiterin**	eine Person, die für eine Firma arbeitet, aber nicht bei ihr angestellt ist; sie ist selbstständig und bekommt pro Auftrag Geld
freelancer	
le collaborateur indépendant, la collaboratrice indépendante	
عامل حر	
کارمند غیراستخدامی	

die **Führungsposition**	die Arbeitsstelle eines → **Vorgesetzten**
leading position	
le poste de direction	
المنصب القيادي	
سمت ریاست	

der **Geschäftsführer,** die **Geschäftsführerin**	die Person, die eine Firma leitet
managing director, CEO	
le gérant, la gérante	
مدير(ة)	
مدیرعامل	

die **Geschäftsführung**	die Abteilung, die eine Firma leitet
management	
la direction (d'entreprise)	
إدارة (الأعمال)	
مدیریت	

die **Hierarchie**	die Struktur in einer Firma, die von oben nach unten geht (z. B. → **Geschäftsführer** → **Abteilungsleiter** → **Angestellter**)
hierarchy	
la hiérarchie	
تسلسل	
سلسله مراتب	

der **Kollege**, die **Kollegin**	eine Person, mit der man
colleague	zusammen in einer Firma
le/la collègue	arbeitet
زميل(ة)	
همکار	

der **Konzern**	mehrere Firmen zusammen, die
combine	zentral geleitet werden, aber
le groupe	rechtlich selbstständig sind
مجموعة شركات	
کنسرن، گروه	

die **Muttergesellschaft**	
parent company	die leitende Firma in einem
la société mère	→ **Konzern**
الشركة الأم	
شرکت مادر	

das **Personal**	
staff	alle Personen, die in derselben
le personnel	Firma arbeiten
موظفون	
کارکنان	

die **Personalabteilung**	die Abteilung, die sich um das
human resources	Personal einer Firma kümmert,
le service du personnel	z. B. wenn sich jemand krank
إدارة شؤون العاملين	meldet, Gehalt, Fortbildungen,
کارگزینی	Bewerbungen

der **Praktikant**, die **Praktikantin**	eine Person, die ein Praktikum macht
trainee	
le/la stagiaire	
(ة)متدرب	
کارآموز	

der **Projektleiter**, die **Projektleiterin**	eine Person, die ein Projekt leitet, d. h. die Verantwortung für eine gemeinsame Arbeit von Kollegen hat
project manager	
le chef de projet	
مُدير المشروع	
سرپرست پروژه	

der **Prokurist**, die **Prokuristin**	eine Person, die für die Firma, in der sie arbeitet, Geschäfte machen und Verträge unterschreiben darf
holder of a general power of attorney	
le(la) fondé(e) de pouvoir	
وكيل مفوض	
نايب رئيس	

die **Rechtsabteilung**	die Abteilung, die sich um die Verträge und rechtlichen Fragen einer Firma kümmert
legal department	
le service juridique	
إدارة الشؤون القانونية	
بخش حقوقی	

die **Schulung**	ein Kurs, bei dem man neue Dinge für die Arbeit lernt
training	
la formation	
تدريب	
دورۀ آموزشی	

der **Sekretär**, die **Sekretärin**	eine Person, deren Beruf es
secretary	ist, ein Büro zu organisieren,
le/la secrétaire	Termine zu vereinbaren, sich
أمين	am Telefon melden usw.
منشى	

das **Sekretariat**	
office	der Raum, in der ein Sekretär
le secrétariat	oder eine Sekretärin arbeiten
أمانة	
دفتر	

die **Tochtergesellschaft**	
subsidiary (company)	eine der Firmen in einem
la filiale	→ **Konzern**
شركة فرعية	
شركت تابعه	

das **Unternehmen**	
enterprise	eine Firma, ein Betrieb
l'entreprise	(besonders in der Industrie und
مؤسسة	im Handel)
شركت	

der/die **Vorgesetzte**	eine Person, die in einer Firma
superior	höher in der → **Hierarchie**
le supérieur, la supérieure	steht als die Kollegen und
رئيس(ة)	entscheidet, was diese machen
مافوق	müssen

der **Vorstand**	
board	eine Gruppe von Personen,
le comité directeur	die eine Firma leitet
مجلس الإدارة	
هيئت مديره	

Arbeitslosigkeit

der **Anspruch**	
claim	das Recht, → **Arbeitslosengeld** zu bekommen
le droit	
حق (في)	
حق	

der **Anspruchsbeginn**	
start of claim	der erste Tag, an dem man → **Arbeitslosengeld** bekommt
le début du droit aux allocations-chômage	
بداية الاستحقاق	
آغاز حق مطالبه	

die **Anspruchsdauer**	
period of claim	die Zeit, in der man → **Arbeitslosengeld** bekommt
la durée du droit aux allocations-chômage	
مدة الاستحقاق	
مدت حق مطالبه	

arbeitsfähig	
able to work	gesund und in der Lage zu arbeiten
capable de travailler	
قادر على العمل	
قادر به کار	

arbeitslos	
unemployed	ohne Arbeitsstelle
au chômage	
بدون عمل	
بیکار	

der/die **Arbeitslose**	
unemployed person	eine Person, die keine Arbeitsstelle hat
le chômeur, la chômeuse	
عاطل(ة) (عن العمل)	
فرد بیکار	

das **Arbeitslosengeld (ALG)**	
earnings-related unemployment benefit	das Geld, das in Deutschland Menschen ohne Arbeitsstelle während einer begrenzten Zeit vom Staat bekommen
l'allocation chômage	
إعانة البطالة	
حقوق بیکاری	

das **Arbeitslosengeld II (ALG II)**	
unemployment benefit for the long-term unemployed	das Geld, das in Deutschland Menschen vom Staat bekommen, die in Not sind, keine Arbeit haben und kein → **Arbeitslosengeld** bekommen
l'allocation de type RSA	
إعانة البطالة ٢	
حقوق بیکاری ٢	

die **Arbeitslosigkeit**	
unemployment	der Zustand, keine Arbeitsstelle zu haben
le chômage	
بطالة	
بیکاری	

die **Arbeitslosmeldung**	
registration of unemployment	die Information an die zuständige → **Agentur für Arbeit**, dass man keine Arbeitsstelle hat oder bald nicht mehr haben wird
l'inscription au chômage	
تسجيل حالة بطالة	
اعلام بیکاری	

der **Bewilligungsbescheid**	
notice of approval	eine Nachricht darüber, dass
la décision d'acceptation	jemandem → **Arbeitslosengeld**
إشعار الموافقة	genehmigt wurde
برگهٔ موافقت	

die **Kundennummer**	
customer number	die Zahl, die einer Person bei
le numéro attribué au demandeur	der → **Agentur für Arbeit**
رقم الزبون	zugeordnet wird, wenn sie
شمارهٔ عضویت	→ **Arbeitslosengeld** bekommt

das **Jobcenter**	
job centre	eine staatliche Behörde, die
le pôle emploi	sich um Menschen kümmert,
مركز التوظيف	die schon lange Zeit arbeitslos
مرکز کاریابی	sind

die **Leistungsart**	
benefit type	die Art des Anspruchs, wenn
le type de prestation	man arbeitslos ist: Geld, Dinge
نوع المعونة	oder Dienste
نوع خدمات	

der/die **Leistungsberechtigte**	
person entitled to benefit	eine Person, die
le/la bénéficiaire de l'allocation	→ **Arbeitslosengeld** bekommt
من يحق له /لها الاستفادة من الاعانة	
محق اخذدستمزد	

der **Leistungsbetrag**	
benefit amount	die Summe
le montant de l'allocation	→ **Arbeitslosengeld**,
قيمة الإعانة	die jemand bekommt
میزان دستمزد	

das **Leistungsentgelt**	
unemployment benefit	
la rétribution	das Geld, das man für Arbeit,
لتعويض عما قُدِّم من عمل	die man getan hat, bekommt
دستمزد	

der **Nachweis**	
proof	die Dokumente, mit denen
la justification	man zeigen kann, dass man das
إثبات	Recht auf → **Arbeitslosengeld**
مدرک	hat

die **Service-Hotline**	
service hotline	eine Telefonnummer, die
le service en ligne	man wählen kann, um
خدمة الخط الساخن	Informationen zum Thema
سرویس هاتلاین	Arbeitslosigkeit zu bekommen
	oder zu geben

die **Sperrzeit**	
blocking time	
le blocage	die Zeit, in der man kein
وقت منع معونة البطالة	→ **Arbeitslosengeld** bekommt
مدت محرومیت از حقوق و مزایای بیکاری	

steuerlich berücksichtigt	
taken into account for tax purposes	so, dass etwas (z. B. das → **Arbeitslosengeld**) die Höhe der Steuern beeinflusst, die man bezahlen muss
tenu compte fiscalement	
معني بالخصم الضريبي	
با در نظر گرفتن مالیات	

die **Veränderungsmitteilung**	
change notification	eine Nachricht an die → **Agentur für Arbeit** darüber, dass sich die Adresse oder der Anspruch eines → **Leistungsempfängers** geändert hat
la déclaration de changement	
الإخطار بتغيير	
گزارش تغییرات	

die **Vermittlung**	
mediation	eine Information über ein → **Stellenangebot**
la médiation	
وساطة	
کاریابی	

der **Vermittlungsvorschlag**	
proposal for mediation	die Empfehlung eines → **Stellenangebots**
la proposition de médiation	
الوظيفة المقترحة	
توصیه به تقاضای کار	

der **Widerspruch**	
appeal	der Antrag an eine Behörde, noch einmal zu überprüfen, warum ein Anspruch abgelehnt wurde
l'opposition	
اعتراض	
اعتراض	

Leben in Deutschland

Familie und Kinder

adoptiert	als eigenes Kind nach dem Gesetz angenommen (von einem Mann und einer Frau, die nicht die Eltern des Kindes sind)
adopted	
adopté	
متبنّی	
به فرزندی پذیرفته شده	

die **Adoption**	das Annehmen eines Kindes als eigenes Kind (von einem Mann und einer Frau, die nicht die Eltern des Kindes sind)
adoption	
l'adoption	
التبنّي	
به فرزندی گرفتن	

die **Adoptiveltern**	die Mutter und der Vater von einem Kind, das sie → **adoptiert** haben
adoptive parents	
les parents adoptifs	
الآباء بالتبنّي	
پدرخوانده و مادرخوانده	

alleinerziehend	so, dass man sich als Mutter oder Vater allein um seine Kinder kümmert
single parent	
parent unique	
معیل(ة) وحید(ة)	
تک‌سرپرست	

der/die **Alleinerziehende**	ein Vater oder eine Mutter, der/die sich allein um seine/ihre Kinder kümmert
single parent	
le parent unique	
المعیل(ـة) الوحید(ة)	
شخص تک‌سرپرست	

der/die **Angehörige**	
relative	ein Verwandter oder
le proche, la proche	ein Mitglied der Familie
منتسبون	
خویشاوندان	

dauernd getrennt lebend	
permanently separated	noch verheiratet, aber mit dem
durablement séparés	Ehemann oder der Ehefrau
منفصلان على الدَوام	nicht mehr zusammenwohnend
زوجی که جدا از هم زندگی می‌کنند	und mit der Absicht, sich scheiden zu lassen

die **Ehefrau**	
wife	die Frau, mit der ein Mann
l'épouse	verheiratet ist
زوجة	
زن	

der **Ehegatte**, die **Ehegattin**	
spouse	die Frau oder der Mann,
l'époux, l'épouse	mit der/dem eine Person
زوج (ة)	verheiratet ist
همسر	

der **Ehemann**	
husband	der Mann, mit dem eine Frau
le mari	verheiratet ist
زوج	
شوهر	

die **Ehescheidung**	
divorce	das Ende einer Ehe (vor Gericht)
le divorce	
طلاق	
طلاق	

die **Eheschließung**	die Hochzeit, die offizielle Handlung beim → **Standesamt**, durch die zwei Personen heiraten
marriage ceremony	
le mariage	
زواج	
عقد ازدواج	

die **Eltern**	die Mutter und der Vater
parents	
les parents	
والدين	
والدين	

das **Elterngeld**	das Geld, das Eltern vom Staat bekommen, wenn sie weniger oder nicht arbeiten, um ihre Kinder zu betreuen (für maximal 14 Monate)
parental benefit	
l'allocation parentale	
الإعانة المالية للوالدين	
کمک‌هزینهٔ والدین	

der **Elternteil**	die Mutter oder der Vater
parent	
l'un des parents	
أحد الأبوين	
پدر یا مادر	

der/die **Erziehungsberechtigte**	die Person, die das Recht und die Verantwortung hat, einen → **Minderjährigen** zu erziehen
parent or (legal) guardian	
la personne chargée de l'éducation	
ولي الأمر	
سرپرست قانونی	

die **Erziehungshilfe**	
educational support	eine Hilfe vom Staat für Familien mit Kindern, wenn die Eltern Hilfe bei der Erziehung der Kinder brauchen
le soutien éducatif	
معونة لتربية الأطفال	
کمک‌هزینهٔ فرزند	

der/die **Familienangehörige**	
family member	das Mitglied einer Familie (Vater, Mutter, Tochter, Sohn, Großmutter, Großvater etc.)
le membre de la famille	
أفراد العائلة	
عضو خانواده	

die **Familienkasse**	
family benefits office	die Behörde, die das → **Kindergeld** zahlt
la caisse d'allocations familiales	
صندوق ضمان العائلات	
صندوق خانواده	

das **Familienstammbuch**	
family register	ein Buch mit der → **Heiratsurkunde** und den → **Geburtsurkunden** etc. der Familie
le livret de famille	
دفتر عائلي	
شجره‌نامهٔ خانوادگی	

getrennt leben	
to be separated	nicht zusammenwohnen (obwohl man verheiratet ist)
être séparés	
زوجان يعيشان منفصلين	
جدا زندگی کردن	

die **Großeltern**	
grandparents	die Großmutter und der Großvater (Oma und Opa)
les grands-parents	
الجدان	
پدر بزرگ و مادر بزرگ	

der **Haushalt**	
household	*hier:* alle Personen, die in einer Wohnung als Familie zusammenleben
le ménage	
افراد البيت	
خانوار	

die **Heirat**	
marriage	die Hochzeit, die offizielle Handlung beim → **Standesamt**, durch die zwei Personen eine Ehe schließen
le mariage	
زواج	
ازدواج	

heiraten	
to get married	eine Ehe schließen
se marier	
تزوج (من)	
ازدواج کردن	

impfen	
to vaccinate	eine Spritze geben, damit eine Person vor einer bestimmten Krankheit geschützt ist
vacciner	
طعم	
واکسن زدن	

der **Impfpass**	
vaccination record	das Dokument, in das alle → **Impfungen** eingetragen werden
le carnet de vaccinations	
دفتر التطعيم	
کارت واکسیناسیون	

die **Impfung**	
vaccination	die Spritze, mit der man gegen bestimmte Krankheiten geschützt wird
la vaccination	
تطعيم	
واکسیناسیون	

die **Jugendhilfe**	
help for young people	*hier:* die Betreuung und andere
l'aide sociale à l'enfance et à la jeunesse	Hilfen für → **Minderjährige**, die ohne ihre Eltern gekommen
مساعدة الشباب	sind (durch das → **Jugendamt**)
خدمات برای جوانان	

der/die **Jugendliche**	
youth	ein Mensch, der circa 13 bis 17
l'adolescent, l'adolescente	Jahre alt ist
الشاب(ة) /الشباب	
نوجوان	

die **Kinder**	
children	
les enfants	Personen unter 13 Jahren
الأطفال	
كودكان	

das **Kindergeld**	
child benefit	das Geld, das in Deutschland
les allocations familiales	jede Familie monatlich für jedes
علاوة أطفال	Kind bekommt
حق اولاد	

der **Lebenspartner**, die **Lebenspartnerin**	
partner	eine Person, mit der man
le concubin, la concubine	zusammenlebt, ohne
شريك(ة) الحياة	verheiratet zu sein
شریک زندگی	

minderjährig	
minor	unter 18 Jahre alt
mineur	
قاصر	
صغير	

der/die **Minderjährige**	
minor	eine Person, die unter 18 Jahre alt ist
le mineur, la mineure	
قاصر(ة)	
زیر سن قانونی	

die **Minderjährigkeit**	
minority	das Alter unter 18 Jahren (man hat nicht die gleichen Rechte und Pflichten wie ein Erwachsener)
la minorité	
قصور	
زیر سن قانونی	

der/die **Personensorgeberechtigte**	
person having the care and custody of a child	jemand, der die Pflicht und das Recht hat, sich um ein Kind zu kümmern und für es zu entscheiden, also die Eltern, die → **Adoptiveltern**, der → **Vormund**
le/la titulaire de l'autorité parentale	
الشخص الحاضن	
قیم	

das **Pflegekind**	
foster child	ein Kind, das bei einer anderen Familie lebt, die mit dem Kind nicht verwandt ist, und von ihr betreut wird
l'enfant en garde	
طفل محتضن	
فرزندخوانده‌ٔ موقت	

sich **scheiden lassen**	
to get divorced	
divorcer	die Ehe beenden (vor Gericht)
طلق	
طلاق گرفتن	

schwanger	
pregnant	
enceinte	mit einem Baby im Bauch
حامل	
باردار	

die **Schwangerschaft**	
pregnancy	
la grossesse	die Zeit, während der ein Baby
حمل، حبل	im Bauch einer Frau wächst
بارداری	

der **Sohn**	
son	
le fils	das männliche Kind
ابن	von jemandem
پسر	

das **Sorgerecht**	
custody	die Pflicht und das Recht, sich
le droit de garde	um ein Kind zu kümmern und
حق الرعاية	für es zu entscheiden
حضانت	

die **Tochter**	
daughter	
la fille	das weibliche Kind
ابنة	von jemandem
دختر	

die **Unterhaltszahlung**	das Geld, das der → **Elternteil**, bei dem die Kinder leben, von dem anderen Elternteil bekommt
maintenance payment	
la pension alimentaire	
نفقة	
پرداخت نفقه	

verwandt	zur gleichen Familie gehörend (auch z. B. Tante und Onkel)
related	
parent	
قريب (ل)	
خویشاوند	

der/die **Verwandte**	eine Person, die zur gleichen Familie gehört (auch z. B. Tante und Onkel)
relative	
le proche, la proche	
قريب(ة)/ أقرباء	
خویشاوند	

volljährig	18 Jahre alt und älter
over the age of majority	
majeur	
بالغ	
بالغ	

die **Volljährigkeit**	das Alter ab 18 Jahren
majority	
la majorité	
سن الرشد	
سن قانونی	

der **Vormund**, die **Vormundin**	eine Person, die einen → **Minderjährigen** (rechtlich) vertritt und für ihn sorgt, weil seine Eltern es nicht tun können
guardian	
le tuteur, la tutrice	
وصي	
قيم	

die **Vormundschaft**	die rechtliche Vertretung von Kindern, wenn die Eltern es nicht tun können*
guardianship	
la tutelle	
وصاية	
حضانت	

die **Zwangsheirat**	die → **Eheschließung**, wenn eine oder beide Personen nicht heiraten wollen
forced marriage	
le mariage forcé	
زواج قسري	
ازدواج اجباری	

Kinderbetreuung

der Bescheid über Kindertagesstättengebühren	das Schreiben, in dem steht, wie viel die Eltern für die → **Kindertagesstätte** bezahlen müssen
notification of child care fees	
l'avis sur les frais de la garderie / de la maternelle	
إفادة حول رسوم روضة الأطفال	
اطلاعیهٔ هزینه‌های نگهداری از کودک	

die Einrichtung	*hier:* ein Haus, in dem Kinder von einer privaten oder staatlichen Organisation betreut werden (z. B. ein Kindergarten)
institution	
l'institution	
مؤسسة	
سازمان	

eintreten	*hier:* den ersten Tag zur Schule oder zu einer → **Kindertageseinrichtung** gehen
to enter	
se présenter	
التحق (ب)	
داخل شدن	

der Eintritt	*hier:* der erste Tag in der Schule oder bei einer → **Kindertageseinrichtung**
entry	
l'entrée	
حلول	
ورود	

der Erzieher, die Erzieherin	eine Person, die die Kinder in einer → **Kindertageseinrichtung** betreut
nursery school teacher	
l'éducateur, l'éducatrice	
مربي(ة)	
مربی	

die **Gebührenfestsetzung**	*hier:* die → **Berechnung**, wie viel man z. B. für den Kindergarten oder den → **Hort** bezahlen muss
assessment of charges	
le tarif des frais de garde	
تحديد تكاليف الروضة	
تعيين شهریه	

die **Kinderbetreuung**	eine Einrichtung, in die ein Kind gehen kann, während die Eltern arbeiten *oder* eine Person, die auf ein Kind aufpasst
childcare, childminding	
la garde d'enfants	
رعاية الأطفال	
مراقبت از کودکان	

der **Kindergarten**	eine Einrichtung, in der Kinder von circa 3 bis 6 Jahren betreut werden, bis sie in die Schule kommen
≈ pre-school	
l'école maternelle	
روضة الأطفال	
کودکستان	

der **Kindergartenplatz**	die Möglichkeit für ein Kind, eine bestimmte → **Kindertageseinrichtung** zu besuchen
nursery place	
la place de maternelle	
مكان في روضة الأطفال	
جای خالی در مهد کودک	

die **Kinderkrippe**	eine Einrichtung, in der Babys und Kinder im Alter von 8 Wochen bis circa 3 Jahren betreut werden
crèche	
la crèche	
دار الحضانة	
مهد کودک	

die **Kindertageseinrichtung**	
child care facilities	eine → **Kinderkrippe**, ein Kindergarten oder ein → **Hort**
l'établissement chargé de la garde d'enfants	
مرفق رعاية الأطفال طوال اليوم	
کودکستان	

die **Kindertagesstätte (KiTa)**	
day-care centre	eine → **Kinderkrippe**, ein Kindergarten oder ein → **Hort**, manchmal alles in einem Haus
la garderie	
روضة أطفال	
کودکستان	

die **Platzvergabe**	
awarding of a place	das Organisieren, welches Kind in welchen Kindergarten oder in eine andere → **Kindertageseinrichtung** gehen kann
l'attribution d'une place	
منح أماكن في روضة الأطفال	
واگذاری جای خالی	

die **Schließungszeit**	
closing time	die Tage, an denen eine → **Kindertageseinrichtung** nicht geöffnet ist
l'heure de fermeture	
مواعيد الإغلاق	
ساعت تعطیلی	

Schule

das Abitur	der → **Schulabschluss**, den man an einem Gymnasium macht und der erlaubt, ein Studium an einer Hochschule oder Universität zu machen
≈ A levels	
le baccalauréat	
امتحان الشهادة الثانوية	
دیپلم دبیرستان	

die Abschlussprüfung	eine Prüfung am Ende der → **Schulzeit** oder eines Kurses
final exam	
l'examen de fin d'études	
امتحان نهائي	
آزمون پایانی	

das Abschlusszeugnis	das Zeugnis, das man am Ende der → **Schulzeit** oder eines Kurses bekommt
leaving certificate	
le diplôme de fin d'études	
شهادة إتمام الدراسة	
مدرک پایان تحصیل	

der Alphabetisierungskurs	ein Kurs, in dem man die Buchstaben lesen und schreiben lernt
literacy course	
le cours d'alphabétisation	
دورة ابتدائية	
کلاس سوادآموزی	

die Berufsschule	eine Schule, in der man einen Beruf lernt (meistens in Verbindung mit Besuchen in einer Firma)
vocational school	
l'école professionnelle	
مدرسة مهنية	
هنرستان حرفه‌ای	

der Elternabend	eine Veranstaltung, auf der der → **Klassenlehrer** die Eltern der Schüler über aktuelle Dinge informiert
parents' evening	
la réunion de parents d'élèves	
أمسية الآباء	
جلسهٔ اولیا و مربیان	

die Fachhochschulreife	der → **Schulabschluss**, der an einer → **Fachoberschule** oder einem Gymnasium gemacht wird und erlaubt, eine Fachhochschule zu besuchen
advanced technical college certificate	
≈ le diplôme requis pour l'admission en IUT	
شهادة تأهيل للدراسة بجامعات العلوم التطبيقية	
دیپلم فنی	

die Fachoberschule (FOS)	eine Schule meistens nach der 10. Klasse, die 2 Jahre dauert und auf eine Ausbildung an einer Fachhochschule vorbereitet
College of Further Education	
le lycée professionnel	
ثانوية مهنية	
دبیرستان فنی-حرفه‌ای	

die Fachoberschulreife	der Abschluss, den man an einer Realschule macht *auch:* der → **Realschulabschluss**
secondary school certificate from a Realschule	
le brevet d'études du premier cycle	
شهادة المتوسطة الإعدادية	
مدرک فنی-حرفه‌ای	

die Ganztagsschule	eine Schule, in welcher die Kinder vormittags und nachmittags Unterricht haben
all-day school	
l'école à journée continue	
مدرسة بدوام كامل	
مدرسهٔ تمام‌وقت	

die Grundschule	eine Schule, die 4 Jahre dauert und die man im Alter von ungefähr 6 bis 10 Jahren besucht
primary school	
l'école primaire	
مدرسة ابتدائية	
دورهٔ ابتدایی	

das Gymnasium	eine Schule nach der Grundschule, die 8 oder 9 Jahre dauert und auf eine Ausbildung an einer Hochschule oder Universität vorbereitet
≈ grammar school	
le lycée	
(مدرسة) ثانوية	
دبیرستان	

das Halbjahr	ein halbes Jahr in der Schule, z. B. von August bis Januar und von Februar bis Juli (in den Bundesländern unterschiedlich)
half-year, six months	
le semestre	
السداسي	
نیمسال	

das Halbjahreszeugnis	das Zeugnis, das man am Ende eines → **Halbjahres** bekommt
half-yearly report	
le bulletin semestriel	
شهادة السداسي الاول \الثاني	
مدرک پایان نیمسال تحصیلی	

der Hauptschulabschluss	der Abschluss, den man an einer Hauptschule macht
basic school-leaving qualification	
le certificat de fin d'études primaires	
شهادة إتمام المرحلة الإعدادية	
مدرک پایان دورهٔ هنرستان	

die **Hauptschule**	eine Schule nach der Grundschule, die 5 oder 6 Jahre dauert und auf der man eine allgemeine Bildung bekommt *auch:* die → **Mittelschule**
≈ secondary school	
≈ le collège	
مدرسة متوسطة دون مستوى الثانوية العامة	
هنرستان	

die **Hausaufgaben**	die Arbeit, die ein Schüler zu Hause machen soll, damit er übt, was er gelernt hat
homework	
les devoirs	
الواجبات المنزلية	
تكليف منزل	

die **Hochschulreife**	der → **Schulabschluss** (meistens an einem Gymnasium), der erlaubt, eine Ausbildung an einer Hochschule oder Universität zu machen
university entrance qualification	
le baccalauréat	
شهادة تأهيل للدراسة بالجامعة	
ديپلم (مدرسه)	

der **Hort**	eine Einrichtung, in der Kinder am Nachmittag (nach der Schule) und in den Ferien betreut werden, wenn die Eltern arbeiten
≈ after-school club	
la garderie	
دار رعاية الأطفال	
محل نگهداری از کودکان بعد از مدرسه	

das **Jahreszeugnis**	eine schriftliche Bestätigung mit Noten (von 1 bis 6), die ein Schüler am Ende des → **Schuljahres** bekommt
annual report	
le bulletin scolaire annuel	
كشف النقاط السنوي	
مدرک پایان سال	

die **Klasse**	eine Gruppe von Schülern, die gemeinsam unterrichtet wird *oder* ein → **Schuljahr** (6. Klasse = 6. Jahr in der Schule)
class	
la classe	
صف	
كلاس درس	

die **Klassenarbeit**	eine schriftliche Prüfung für Schüler
(written) class test	
le contrôle	
اختبار	
امتحان	

der **Klassenlehrer**, die **Klassenlehrerin**	ein Lehrer, der für eine Klasse zuständig und ihr → **Ansprechpartner** ist
class teacher	
le professeur principal, la professeur principale	
مدرس(ة) الفصل	
معلم	

der **Kurs**	eine festgelegte Zahl von Stunden, in denen man Unterricht bekommt
course	
le cours	
الدرس	
كلاس	

der **Lehrer**, die **Lehrerin**	eine Person, die meistens an einer Schule Unterricht gibt
teacher	
l'enseignant, l'enseignante	
مدرس(ة)	
آموزگار	

die **Lehrkraft**	
teacher	ein Lehrer oder eine Lehrerin
l'enseignant, l'enseignante	
معلم	
مدرس	

die **Mittagsbetreuung**	
lunchtime supervision	die Betreuung in der Schule nach dem Unterricht und bis ca. 14.30 Uhr, für die die Eltern bezahlen müssen
la prise en charge à midi	
الإشراف خلال وقت الغداء	
مراقبت پس از اتمام مدرسه	

die **Mittelschule**	
≈ secondary school	eine Schule nach der Grundschule, die 5 oder 6 Jahre dauert und auf der man eine allgemeine Bildung bekommt
≈ le collège	
مدرسة متوسطة دون مستوى الثانوية العامة	*auch:* die → **Hauptschule**
هنرستان	

der **mittlere (Bildungs)abschluss**	
secondary school certificate from a Realschule	der Abschluss, den man an einer Realschule macht
le brevet d'études du premier cycle	*auch:* der → **Realschulabschluss**
شهادة المتوسطة الإعدادية	
مدرک اتمام رئال‌شوله، مدرک سیکل	

die **mittlere Reife**	
secondary school certificate from a Realschule	der Abschluss, den man an einer Realschule macht
le brevet d'études du premier cycle	*auch:* der → **Realschulabschluss**
شهادة المتوسطة الإعدادية	
مدرک اتمام رئال‌شوله، مدرک سیکل	

der **mittlere Schulabschluss**	
secondary school certificate from a Realschule	der Abschluss, den man an einer Realschule macht
le brevet d'études du premier cycle	*auch:* der → **Realschulabschluss**
شهادة المتوسطة الإعدادية	
مدرک اتمام رئال‌شوله، مدرک سیکل	

der **Nachhilfeunterricht**	
private tuition	ein zusätzlicher Unterricht, den ein Schüler (gegen Geld) von einem anderen Schüler, einem Studenten oder einem Lehrer bekommt
le cours de soutien scolaire	
دروس الدعم	
کلاس جبرانی	

der **Nachmittagsunterricht**	
afternoon lessons	Unterricht, der am Nachmittag stattfindet
les classes de l'après-midi	
دروس مسائية	
کلاس شبانه	

der **Notendurchschnitt**	
average mark	der Durchschnitt aus allen Noten eines Schülers
la moyenne (des notes)	
معدل النقاط	
معدل	

die **Prüfung**	
exam	eine mündliche oder schriftliche Aufgabe, mit der die Kenntnisse (→ **Kenntnis**) einer Person untersucht werden
l'examen	
امتحان	
آزمون	

der **qualifizierende Hauptschulabschluss (Quali)**	der Abschluss, den man an einer Hauptschule macht und der es erlaubt, weiter eine Schule zu besuchen
school-leaving qualification	
le certificat d'études primaires qualifiées	
شهادة إعدادية مؤهّلة	
مدرک تخصصی پایان دورهٔ هنرستان	

der **(qualifizierte) Sekundarabschluss I**	der Abschluss, den man an einer Realschule macht *auch:* der → **Realschulabschluss**
secondary school certificate from a Realschule	
le brevet d'études du premier cycle	
شهادة المتوسطة الإعدادية	
مدرک تخصصی اتمام رئال‌شوله، مدرک سیکل	

der **Realschulabschluss**	der Abschluss, den man an einer Realschule macht
secondary school certificate from a Realschule	
le brevet d'études du premier cycle	
شهادة المتوسطة الإعدادية	
مدرک اتمام رئال‌شوله	

die **Realschule**	eine Schule nach der Grundschule, die 6 Jahre dauert und auf eine → **Berufsausbildung** vorbereitet
≈ secondary school	
≈ le collège	
الإعدادية المهنية	
≈ دبیرستان فنی-حرفه ای	

der **Schulabgänger**, die **Schulabgängerin**	ein Schüler, der eine Schule verlässt, nachdem er die höchste Klasse besucht und meistens eine Prüfung bestanden hat
school-leaver	
l'élève ayant terminé sa scolarité	
خريج(ة) المدرسة	
فارغ‌التحصیل مدرسه	

der **Schulabschluss**	die Qualifikation nach dem Besuch einer Schule (Abitur, → **Fachhochschulreife**, → **Realschulabschluss** oder → **Hauptschulabschluss**)
school-leaving qualification	
le diplôme de fin de scolarité	
شهادة التعليم النهائية	
اتمام دورۀ دبیرستان	

die **Schulaufgabe**	*regional:* eine schriftliche Prüfung für Schüler *auch:* die → **Klassenarbeit**
test	
le contrôle	
واجب مدرسي	
تکلیف مدرسه	

der **Schulbesuch**	die regelmäßige Teilnahme am Unterricht in der Schule
school attendance	
la scolarité	
الذهاب إلى المدرسة	
رفتن به مدرسه	

die **Schule**	eine Einrichtung, in der Kinder zuerst Lesen, Schreiben und Rechnen lernen und in die sie bis zum Abitur gehen können
school	
l'école	
مدرسة	
مدرسه	

der **Schüler**, die **Schülerin**	
schoolboy, schoolgirl	ein Kind oder ein Jugendlicher, der zur Schule geht
l'élève	
تلميذ(ة)	
دانش‌آموز	

das **Schülerpraktikum**	
school practical training	ein Besuch über eine oder mehrere Wochen in einer Firma, den man während der Schule macht, um einen Beruf besser kennenzulernen
le stage	
تدريب للتلاميذ	
کارآموزی برای دانش‌آموزان	

die **Schulferien**	
school holidays	die Zeit, in der in der Schule kein Unterricht ist
les vacances scolaires	
العطلة المدرسية	
تعطیلات مدرسه	

die **Schulgebühr**	
tuition fees	das Geld, das man für eine private Schule bezahlen muss
les frais de scolarité	
رسوم المدرسة	
شهریهٔ مدرسه	

das **Schuljahr**	
school year	10,5 Monate in der Schule (ungefähr von August/ September bis Juni/Juli)
l'année scolaire	
سنة دراسية	
سال تحصیلی	

das **Schulkind**	
schoolchild	ein Kind, das zur Schule geht
l'écolier, l'écolière	
تلميذ	
کودک دانش‌آموز	

die **Schulpflicht**	die → **gesetzliche** Vorschrift, nach der Kinder ab 6 Jahren (circa 9 Jahre lang) zur Schule gehen müssen
compulsory education	
la scolarité obligatoire	
تعليم إلزامي/إجباري	
تعليمات اجبارى	

schulpflichtig	in dem Alter, in dem ein Kind oder Jugendlicher zur Schule gehen muss
required to attend school	
soumis à l'obligation scolaire	
في سن التعليم الإلزامي	
مشمول تعليمات اجبارى	

die **Schulzeit**	die Jahre, in denen man die Schule besucht
school days	
la scolarité	
أيام المدرسة	
مدت زمان مدرسه	

die **Sekundarschule**	eine Schule nach der Grundschule (z. B. Hauptschule, Realschule, Gymnasium)
secondary school	
le lycée	
مدرسة ثانوية	
دبيرستان	

die **Sprachlernklasse**	eine Klasse für Schüler, die noch nicht gut Deutsch können
transition class	
la classe de mise à niveau linguistique	
الصف التحضيري	
كلاس انتقالى	

der **Unterricht**	die Stunden, in denen die Schüler in der Schule oder in einem Kurs mit einem Lehrer lernen
lessons	
le cours	
درس	
درس	

das **Unterrichtsmaterial**	die Unterlagen, die in der Schule verwendet werden
teaching materials	
le matériel scolaire	
أدوات التدريس	
مواد درسی	

die **Voranmeldung**	eine frühe Information, dass man eine Schule besuchen oder an einem Kurs teilnehmen möchte
reservation	
le préavis	
إخطار سابق	
پیش‌ثبت‌نام	

die **weiterführende Schule**	die Schule ab der 5. Klasse
secondary school	
l'établissement scolaire secondaire	
مرحلة التعليم ما بعد الابتدائية	
دبیرستان	

das **Zeugnis**	das Dokument über die Leistungen einer Person (normalerweise mit Noten), das sie von der Schule oder Hochschule bekommt
certificate	
l'attestation	
شهادة	
مدرک	

das **Zwischenzeugnis**	das Zeugnis von der Schule, das die Schüler nach dem ersten → **Halbjahr** bekommen
end of term report	
le bulletin semestriel	
شهادة الفصل الدراسي	
مدرک میانی	

Ausbildung und Studium

der **Ausbilder**, die **Ausbilderin**	eine Person, die in einer Firma für die Auszubildenden zuständig ist
instructor	
le formateur, la formatrice	
مدرب(ة)	
مربی	

die **Ausbildung**	das Lernen eines Berufs an einer Schule oder in einer Firma
training	
la formation	
تعليم	
کارآموزی	

der **Ausbildungsbetrieb**	die Firma, bei der man neben der Berufsschule eine Ausbildung macht
company that takes on trainees	
l'entreprise formatrice	
شركة التدريب	
شرکت کارآموزی	

die **Ausbildungsdauer**	die Zeit, die man für eine Ausbildung braucht
training period	
la durée de la formation	
مدة التدريب	
مدت کارآموزی	

die **Ausbildungsstelle**	die Stelle in einer Firma, bei der man eine Ausbildung macht
trainee position	
le poste de formation	
مكان في التكوين المهني	
محل کارآموزی	

der **Ausbildungsvertrag**	ein Dokument, das festlegt, was der Auszubildende und der → **Ausbildungsbetrieb** machen müssen
trainee contract	
le contrat de formation	
عقد التدريب	
قرارداد کارآموزی	

der/die **Auszubildende**	eine Person, die eine Ausbildung macht
trainee	
le/la stagiaire	
متعلم(ة)	
کارآموز	

das **BAföG**	Geld, das man monatlich vom Staat zur finanziellen Unterstützung bekommen kann, wenn man eine Ausbildung macht
student financial assistance scheme	
la bourse d'études	
منحة التعليم	
وام دانشجویی	

die **Berufsausbildung**	das Lernen eines Berufs an einer Schule, einer Hochschule oder in einer Firma
vocational training	
la formation professionnelle	
تدريب مهني	
آموزش فنی-حرفه‌ای	

die **Berufswahl**	die Entscheidung, einen bestimmten Beruf zu lernen
choice of career	
le choix d'une profession	
اختيار المهنة	
انتخاب شغل	

der **Deutschkurs**	
German course	ein Kurs, in dem man die deutsche Sprache lernt
le cours d'allemand	
دورة في اللغة الألمانية	
کلاس زبان آلمانی	

das **duale Studium**	
work-study degree course	ein Studium, bei dem man bei einer Firma arbeitet, die Geld für diese Arbeit und für das Studium bezahlt
les études en alternance	
دراسة جامعية مرفقة بشغل	
تحصیل ترکیبی با کار	

der **Einstufungstest**	
placement test	eine Prüfung zu einem bestimmten Thema, die feststellt, in welchen Kurs man gehen soll
le test de niveau	
اختبار تحديد المستوى	
آزمون تعیین سطح	

die **Fachhochschule**	
university of applied sciences	eine Hochschule, an der die Ausbildung praktischer ist als an Universitäten
≈ l'institut universitaire de technologie (IUT)	
معهد عالي	
دانشکدهٔ فنی-حرفهای	

die **Fortbildung**	
further education	ein Kurs, um die beruflichen Kenntnisse (→ **Kenntnis**) zu vergrößern und aktuell zu halten
la formation continue	
التدريب المستمر	
دورهٔ (دانشافزایی) تکمیلی	

die **Hochschule**	
institution of higher education	eine Schule nach dem Abitur, an der man Berufe lernen kann, die sich mit Wissenschaften beschäftigen
l'établissement d'enseignement supérieur	
المدرسة العليا/ الجامعة	
دانشگاه،مؤسسهٔ آموزش عالی	

die **Lehre**	
apprenticeship	die Ausbildung zu einem Beruf als Handwerker oder Angestellter
l'apprentissage	
تلمذة	
کارآموزی	

der **Lehrling**	
apprentice	eine Person, die eine → **Lehre** macht
l'apprenti, l'apprentie	
صبي	
کارآموز	

das **Praktikum**	
practical training	ein Teil einer Ausbildung, den man in einem Betrieb macht, um dort praktische Erfahrungen zu sammeln
le stage	
فترة تدريب عملي	
کارآموزی	

das **Studentenwohnheim**	
hall of residence	eine öffentliche Einrichtung, in der Studenten zu niedrigen Mieten wohnen können
la cité universitaire	
السكن الجامعي	
خوابگاه دانشجویی	

das **Studium**	
studies	die Ausbildung an einer
les études	Hochschule oder Universität
التعليم العالي	
تحصیل دانشگاهی	

die **Umschulung**	
retraining	eine Ausbildung in einem
la reconversion	anderen Beruf als dem,
تدریب لتغییر مجال الاختصاص	den man schon gelernt hat
کارآموزی مجدد	

die **Universität**	
university	eine Hochschule, an der man
l'université	nach dem Abitur Berufe lernt,
الجامعة	die sich mit Wissenschaften
دانشگاه	beschäftigen und an der
	Forschung gemacht wird

die **Weiterbildung**	
further education	
la formation continue	ein Kurs für Erwachsene, um
تکوین مُتواصل	neues Wissen zu bekommen
آموزش تکمیلی	

der **zweite Bildungsweg**	
second-chance education	ein System, das Erwachsenen
la formation de	erlaubt, einen höheren
la deuxième chance	→ **Schulabschluss** zu machen,
دروس للحصول على مؤهلات دراسیة	als sie schon haben
مدرسة شبانه	

Versicherungen

begutachten	
to assess	sich als
expertiser	**→ Versicherungsvertreter**
عاين	einen Schaden genau und
ارزیابی کردن	kritisch ansehen

die **Behinderung**	
disability	
le handicap	ein Schaden an der Gesundheit,
إعاقة	der für immer bleibt
معلولیت	

die **Beitragsrechnung**	
premium statement	ein Dokument, das über das
le calcul des cotisations	Geld informiert, das für eine
مبلغ الإشتراكات	Versicherung gezahlt werden
صورتحساب	muss

die **Deckungssumme**	
amount insured	das Geld, das man für
la couverture du sinistre	einen Schaden von der
المبلغ المؤمن عليه	**→ Versicherungsgesellschaft**
سقف مبلغ پوششی	bekommt
	auch: die
	→ Versicherungssumme

der **Fälligkeitstag**	
due date	
le jour de l'échéance	der Zeitpunkt, zu dem der
وقت الاستحقاق	**→ Versicherungsbeitrag**
آخرین مهلت پرداخت	spätestens bezahlt sein muss

der/die **Geschädigte**	
claimant	eine Person, die einen Schaden hat
le sinistré, la sinistrée	
المتضرر(ة)	
شخص خسارت‌دیده	

die **Haftpflichtversicherung**	
personal liability insurance	eine Versicherung für den Fall, dass man andere Personen verletzt oder eine Sache einer anderen Person kaputt macht
l'assurance de responsabilité civile	
التأمين ضد الغير	
بیمهٔ شخص ثالث	

die **Kfz-Haftpflicht-versicherung**	
car insurance	eine Versicherung für den Fall, dass man mit seinem Auto andere Personen verletzt oder ein anderes Auto kaputt macht
l'assurance automobile	
التأمين على السيارة	
بیمهٔ خودرو	

die **Rechtsschutz-versicherung**	
legal costs insurance	eine Versicherung für den Fall, dass man einen Anwalt braucht (sie bezahlt nur in bestimmten Fällen)
l'assurance protection juridique	
تأمين النفقات القانونية	
بیمهٔ وکالت	

das **Risiko**	
risk	die Gefahr, dass bei einer Aktion etwas Negatives (z. B. ein Unfall) passiert
le risque	
مخاطرة	
ریسک	

der **Schaden**	die negativen Folgen eines Ereignisses, bei dem etwas kaputtgeht oder eine Person verletzt wird
loss	
le sinistre	
تلف	
خسارت	

den **Schaden dokumentieren**	den Schaden genau beschreiben und schriftlich festhalten, eventuell mit Fotos
to document the loss	
évaluer le sinistre	
تسجيل الخسائر	
مستند کردن خسارت	

den **Schaden melden**	die → **Versicherungsgesellschaft** über den Schaden informieren
to report the loss	
déclarer le sinistre	
الإعلان عن الخسائر	
اطلاع دادن خسارت	

der **Schadenersatz**	ein (meist finanzieller) Kompromiss zwischen dem → **Geschädigten** und der Person, die den Schaden verursacht hat
compensation	
l'indemnisation	
تعويض	
غرامت	

die **Schadensabwicklung**	das → **Bearbeiten** eines → **Schadensfalls** durch eine → **Versicherungsgesellschaft**
claim settlement	
le traitement du sinistre	
معاينة الخسائر	
بررسی خسارت	

die **Schadensanzeige**	
notice of loss	das Dokument von einer
l'avis de sinistre	→ **Versicherungsgesellschaft**
مضمون الإخطار بالهلاك أو التلف	über einen → **Schadensfall**
گزارش خسارت	

der **Schadensfall**	
case of damage	
le sinistre	die Situation, dass sich ein
حالة الضرر	Schaden ereignet hat
مورد خسارت	

die **Schadensmeldung**	
damage report	die Information an eine
la déclaration de sinistre	→ **Versicherungsgesellschaft**
الإبلاغ عن الضرر	über einen → **Schadensfall**
اعلام خسارت	

die **Teilkaskoversicherung**	
third party, fire and theft insurance	
l'assurance automobile couvrant plusieurs dégâts	eine Versicherung für viele Fälle, bei denen das eigene Auto kaputt gemacht oder gestohlen wird
تأمين جزئي	
بیمهٔ بدنهٔ اتومبیل	

die **Unfallversicherung**	
accident insurance	
l'assurance contre les accidents	eine Versicherung für den Fall, dass man sich verletzt
تأمين ضد الحوادث	
بیمهٔ حوادث	

die **Versicherung**	ein Vertrag mit einer Firma, an die man regelmäßig Geld zahlt, damit sie die Kosten übernimmt, die bei einem Schaden entstehen
insurance	
l'assurance	
تأمين	
بیمه	

der **Versicherungsbeitrag**	das Geld, das man für eine Versicherung bezahlt
insurance premium	
la prime d'assurance	
قسط تأمين	
حق بیمه	

die **Versicherungs-gesellschaft**	eine Firma, die Versicherungen anbietet und → **Schadensfälle** → **bearbeitet**
insurance company	
la compagnie d'assurances	
شركة التأمين	
شرکت بیمه	

der **Versicherungsmakler**, die **Versicherungsmaklerin**	eine Person, die Versicherungen verkauft
insurance broker	
le courtier d'assurances	
وسيط(ة) التأمين	
واسطهٔ خدمات بیمه	

der **Versicherungsschaden**	ein Schaden, der von einer → **Versicherungsgesellschaft** bezahlt wird
insured loss	
le sinistre couvert par l'assurance	
التأمين على الخسائر	
خسارت‌های مشمول بیمه	

die **Versicherungssumme**	die Summe Geld, die man
sum insured	für einen Schaden von der
le montant assuré	→ **Versicherungsgesellschaft**
مبلغ التأمين	bekommt
مبلغ بيمه	*auch:* die → **Deckungssumme**

der **Versicherungsvertreter,** die **Versicherungsvertreterin**	
insurance agent	eine Person, die bei einer
l'agent d'assurances	→ **Versicherungsgesellschaft**
مندوب(ـة) التأمينات	arbeitet
نمایندهٔ بیمه	

die **Vollkaskoversicherung**	
fully comprehensive insurance	eine Versicherung, die jeden
l'assurance tous risques	Schaden am eigenen Auto
تأمين كامل	bezahlt
بیمهٔ كامل بدنهٔ اتومبیل	

der **Zusatzbeitrag**	ein Teil des
additional contribution	→ **Versicherungsbeitrags**
la contribution additionnelle	an die Krankenkasse, dessen
مساهمة إضافية	Höhe davon abhängt, wie viel
سهم اضافی	Geld man verdient

Wohnungssuche

die **Ablösesumme**	die Summe Geld, die der
money paid to buy furniture and fittings from previous tenant	→ **Nachmieter** an den
le montant de reprise	→ **Vormieter** bezahlt, um seine Möbel übernehmen zu können
كلفة تسليم الاشياء المُستأجرة	
مبلغ اضافی (برای نگهداری مبلمان)	

die **Altbauwohnung**	
flat in an old building	eine Wohnung, die in einem Haus liegt, das mehr als ca. 50 Jahre alt ist
l'appartement dans un immeuble ancien	
شقة في مسكن قديم الانشاء	
آپارتمان قدیمی‌ساز	

der **Aufzug**	eine Vorrichtung, mit der man in einem Gebäude senkrecht nach oben und unten in andere Stockwerke fahren kann; der Lift
lift	
l'ascenseur	
مصعد	
آسانسور	

die **Ausgleichszahlung für Sozialwohnungen**	
compensation payment for social housing	das Geld, das der Mieter einer → **Sozialwohnung** an eine Gemeinde zahlen muss, wenn er genug Geld für eine normale Wohnung hätte
la compensation des frais du loyer social	
تسوية مبلغ الإيجار دون إعانة	
اضافهٔ پرداختی برای مساکن اجتماعی	

der **Auszug**	
move	das Ausziehen aus einer Wohnung
le déménagement	
ترك السكن	
نقل مکان (از جایی)	

das **Bad**, das **Badezimmer**	
bathroom	ein Raum in einer Wohnung mit einer Badewanne oder Dusche
la salle de bains	
حمام	
حمام	

der **Balkon**	
balcony	eine Plattform, die sich oben außen an einem Gebäude befindet
le balcon	
شرفة	
بالکن	

benutzen	
to use	etwas für eine Tätigkeit nehmen, z. B. eine Waschmaschine oder einen Raum in einem Keller (z. B. für Fahrräder)
utiliser	
استخدم	
استفاده کردن	

der **Besichtigungstermin**	
viewing appointment	der Tag, an dem man sich eine freie Wohnung oder ein freies Haus ansehen kann
le rendez-vous de visite	
موعد لرؤية الشقة	
تاریخ بازدید	

die **Betriebskosten**	
overheads	die Kosten, die zusätzlich zur Miete bezahlt werden müssen: Heizung, Strom, Wasser und Müllabfuhr
les frais d'exploitation	
تكاليف التشغيل	*auch:* die → **Nebenkosten**
هزینهٔ شارژ ساختمان	

das **Dachgeschoss**	
attic storey	die höchste Etage eines Gebäudes
la mansarde	
الطابق العلوي	
اتاق زیر شیروانی	

der **Dauerauftrag**	
standing order	die automatische monatliche Zahlung der Miete vom Konto des Mieters auf das Konto des Vermieters
l'ordre de virement permanent	
أمر تحويلة دائم	
سفارش پرداخت مستمر	

die **Drei-Zimmer-Wohnung (3-Zi.-Whg.)**	
3-bedroom apartment	eine Wohnung mit drei Zimmern, Bad und Küche
le trois pièces, le F3	
شقة تتكون من ثلاث غرف	
آپارتمان سه‌اتاقه	

die **Einbauküche (EBK)**	
(fully-)fitted kitchen	eine Küche mit Schränken, die fest an der Wand sind
la cuisine intégrée	
مطبخ مجهز	
آشپزخانهٔ پیش ساخته	

das **Einfamilienhaus**	
single-family house	ein Haus, in dem eine Familie von ca. 4 bis 6 Leuten Platz zum Wohnen hat
la maison individuelle	
منزل عائلة واحدة	
خانهٔ تک‌واحدی	

der **Einzug**	
move	das Einziehen in eine neue Wohnung
l'emménagement	
دخول (إلى)	
نقل مکان (به جایی)	

das **Einzugsdatum**	
moving-in date	der erste Tag, an dem man in einem anderen Haus oder einer anderen Wohnung wohnt
la date de l'emménagement	
تاريخ الانتقال	
تاريخ نقل مکان (به جایی)	

das **Erdgeschoss**	
ground floor	das Stockwerk eines Hauses, das auf der gleichen Höhe wie die Straße liegt
le rez-de-chaussée	
طابق/دور أرضي	
طبقهٔ همکف	

die **Etage**	
floor	ein Stockwerk in einem Gebäude über dem Erdgeschoss
l'étage	
طابق	
طبقه	

der **Fußboden**	
floor	die Fläche in einem Haus oder einem Zimmer, auf der man geht und auf der Möbel stehen
le plancher	
أرضية	
کف اتاق	

die **Fußbodenheizung**	
(under)floor heating	eine Heizung, die unter dem Boden ist
le plancher chauffant	
تدفئة تحت البلاط	
کفپوش گرمایشی	

die **Garage**	ein Gebäude oder ein Teil eines Gebäudes für Autos oder Motorräder
garage	
le garage	
مرآب	
پارکینگ	

der **Hausmeister**, die **Hausmeisterin**	jemand, der in einem Haus mit Wohnungen kleine Arbeiten und Reparaturen macht und dafür sorgt, dass die → **Hausordnung** beachtet wird
caretaker	
le/la concierge	
ناظر السكن	
سرایدار	

die **Hausordnung**	die Vorschriften, wie man sich im Haus verhalten muss
house rules	
le règlement intérieur	
نظام المسكن/ العمارة	
مقررات محل سکونت	

die **Heizkosten**	die Kosten, die beim Benutzen der Heizung entstehen
heating costs	
les frais de chauffage	
تكاليف التدفئة	
هزینه‌های گرمایشی	

die **Heizung**	eine technische Anlage, mit der man Gebäude warm macht
heating	
le chauffage	
تدفئة	
شوفاژ	

im 4. Stock	
on the 4th floor	
au quatrième étage	auf der vierten Etage
في الطابق الرابع	
در طبقهٔ چهارم	
im zweiten Stock	
on the 2nd floor	
au deuxième étage	auf der zweiten Etage
في الطابق الثاني	
در طبقهٔ دوم	
jährlich	
per annum	
par an	jedes Jahr
سنويا	
ساليانه	
die **Kaltmiete**	
rent excluding utilities	die Kosten für die Miete ohne
le loyer sans charges	die Kosten für Heizung, Strom,
الإيجار دون التكاليف الجانبية	Wasser und Müllabfuhr
اجارهبها (بدون هزينهٔ شارژ)	
die **Kaution**	
deposit	eine Summe Geld, die man als
la caution	Sicherheit zahlen muss, wenn
ضمان مالي	man eine Wohnung oder ein
پول پيش	Haus mietet
der **Keller**	
cellar	
la cave	die Etage unter dem
قبو	Erdgeschoss
زيرزمين	

der **Kellerraum**	
cellar room	
la cave	ein Raum im Keller
قبو	
زیرزمین	

die **Küche**	
kitchen	
la cuisine	der Raum, in dem man Essen zubereitet
مطبخ	
آشپزخانه	

die **Lage**	
location	
la situation (géographique)	der Ort und die Umgebung, an denen sich eine Wohnung oder ein Haus befindet
موقع	
موقعیت	

der **Makler**, die **Maklerin**	
estate agent	eine Person, die freie Wohnungen oder Häuser anbietet und Geld bekommt, wenn ein → **Mietvertrag** unterschrieben wird
l'agent immobilier	
سمسار(ة)	
دلال معاملات ملکی	

die **Maklerprovision**	
estate agent's commission	
la commission de l'agent immobilier	das Geld, das ein → **Makler** für einen → **Mietvertrag** bekommt
عمولة السمسار	
حق دلالی بنگاه‌دار	

melden	*hier:* das
to report	→ **Einwohnermeldeamt**
annoncer	über den neuen Wohnsitz einer
سَجَّل	Person informieren
ثبت کردن	

die **Miete**	
rent	das Geld, das man an den
le loyer	Vermieter zahlt, um in einer
أجرة	Wohnung oder einem Haus
اجاره	wohnen zu dürfen

mieten	
to rent	in einer Wohnung oder einem
louer	Haus wohnen dürfen und dafür
استأجر	monatlich Geld bezahlen
اجاره کردن	

der **Mieter**, die **Mieterin**	
tenant	eine Person, die in einer
le/la locataire	Wohnung oder einem Haus
مستأجر(ة)	wohnen darf und dafür
مستأجر	monatlich Geld bezahlt

das **Mietverhältnis**	
tenancy	die rechtliche Beziehung
la location	zwischen einem Mieter und
الإيجار	einem Vermieter
رابطۀ موجر و مستأجر	

der **Mietvertrag**	
lease	
le contrat de location	der Vertrag zwischen einem
عقد إيجار	Mieter und einem Vermieter
اجاره‌نامه	

mitvermietet	
co-let	so, dass sein Benutzen in der
compris dans l'inventaire de l'appartement	Miete enthalten ist (z. B. Möbel)
مُستَأجَر مع الشقة	
مشمول اجاره	

die **Möbel**	
furniture	meistens ziemlich große Gegenstände (z. B. ein Tisch,
le meubles	ein Schrank oder ein Bett),
أثاث	die man in einer Wohnung
وسایل خانه	oder in einem Haus benutzt

möbliert	
furnished	
meublé	mit Möbeln
مجهزة	
مبله	

die **Monatsmiete**	
monthly rent	das Geld, das man monatlich an den Vermieter zahlt, um
le loyer mensuel	eine Wohnung oder ein Haus
الإيجار الشهري	benutzen zu dürfen
اجاره‌بهای ماهیانه	

der **Nachbar**, die **Nachbarin**	
neighbour	eine Person, die direkt neben einer anderen Person oder in
le voisin, la voisine	ihrer Nähe wohnt
جار(ة)	
همسایه	

der Nachmieter, die Nachmieterin	die Person, die nach dem Umzug eines Mieters in derselben Wohnung oder demselben Haus wohnt
next tenant	
le nouveau locataire, la nouvelle locataire	
مستأجر(ة) جديد(ة)	
مستأجر بعدى	

die Nebenkosten (NK)	die Kosten, die zusätzlich zur Miete bezahlt werden müssen: Heizung, Strom, Wasser und Müllabfuhr *auch:* die → **Betriebskosten**
additional costs	
les charges	
تكاليف إضافية	
هزینه های جنبی	

die Nebenkostenabrechnung	eine Liste über die entstandenen → **Nebenkosten** und darüber, wie viel Geld der Mieter zurückbekommt oder noch bezahlen muss
utilities statement	
le calcul des charges	
حساب الخدمات الإضافية	
تسویه‌حساب هزینه‌های جنبی	

die Neubauwohnung	eine Wohnung in einem Haus, das erst vor Kurzem gebaut wurde
newly-built apartment	
l'appartement récemment construit	
شقة حديثة	
آپارتمان نوساز	

die Obdachlosenhilfe	Unterstützung für Personen, die keine Wohnung haben und deshalb auf der Straße leben
homeless shelter	
l'aide aux sans-logis	
معونة للأشخاص دون مأوى	
مرکز کمک به بی‌خانمان‌ها	

die **Obdachlosigkeit**	
homelessness	der Zustand, dass man keine
le manque d'abri	Wohnung hat und deshalb
تشرّد	auf der Straße lebt
بی‌خانمانی	

das **Obergeschoss**	
upper floor	ein Stockwerk, das über dem
l'étage (supérieur)	Erdgeschoss liegt
الطابق العلوي	
طبقهٔ بالا	

der **Quadratmeter (qm, m²)**	
square metre	eine Fläche, die einen Meter
le mètre carré	lang und breit ist
المتر المربَّع	
متر مربع	

der **Quadratmeterpreis**	
price per square metre	die Kosten für die Miete
le prix au mètre carré	pro Quadratmeter
سعر المتر المربع	
قیمت هر متر مربع	

die **Reparatur**	
repair	das Behandeln von einer Sache,
la réparation	die kaputt ist, damit sie wieder
تصليح	funktioniert
تعمیر	

reparieren	
to repair	eine Sache, die kaputt ist,
réparer	so behandeln, dass sie wieder
صلَّح	funktioniert
تعمیر کردن	

das **Schlafzimmer**	
bedroom	das Zimmer (in einem Haus
la chambre à coucher	oder einer Wohnung), in dem
غرفة نوم	man schläft
اتاق خواب	

die **Schlüsselübergabe**	
handing over of the keys	das Ereignis, bei dem der
la remise des clés	Mieter den Schlüssel für eine
تسليم المفاتيح	Wohnung oder ein Haus vom
تحویل کلید	Vermieter bekommt oder
	zurückgibt

die **Schönheitsreparaturen**	
basic repairs	
les réparations locatives d'entretien	kleine und einfache Reparaturen
الإصلاحات التجميلية	
تعمیرات جزئی	

separat	
separate	getrennt von den anderen
séparé	Dingen (z. B. Räumen oder
على حدة	Kosten)
جداگانه	

die **Sozialwohnung**	
state-subsidized apartment	eine Wohnung, deren Kosten
le logement social	zum Teil vom Staat bezahlt
مسكن إجتماعي	werden
مساكن اجتماعى	

spätestens bis zum dritten Werktag eines Monats	
at the latest by the third working day of the month	bis zum dritten Tag eines Monats, an dem gearbeitet wird (Montag bis Samstag)
au plus tard le troisième jour ouvrable du mois	
في آجال لا تتجاوز يوم العمل الثالث من كل شهر	
حداکثر تا سومین روز کاری ماه	

der **Strom**	
electricity	was man braucht, um Licht zu haben und elektrische Geräte benutzen zu können
le courant	
كهرباء	
برق	

der **Teppichboden**	
carpet(ing)	ein Teppich auf dem ganzen Boden eines Zimmers
la moquette	
بساط	
موکت	

die **Tiefgarage**	
underground car park	eine Garage unter der Erde
le parking souterrain	
موقف سيارات تحت الأرض	
پارکینگ زیرزمینی	

der **Tiefgaragenstellplatz**	
parking space in an underground car park	ein Platz für ein Auto in einer → **Tiefgarage**
la place au garage souterrain	
مكان في موقف السيارات تحت الارضي	
پارکینگ زیرزمینی	

überweisen	
to transfer	Geld von einem Konto
virer	auf ein anderes zahlen
حول	
واريز كردن	

der **Umzug**	
move	das Wechseln der Wohnung
le déménagement	oder des Hauses
انتقال	
اسباب کشی	

die **Untermiete**	
subtenancy	der Zustand, dass man bei
la sous-location	einer Person zur Miete wohnt,
إيجار من مستأجر	die selbst Mieter derselben
اجاره به شخص ثالث	Wohnung oder desselben
	Hauses ist

der **Untermieter**, die **Untermieterin**	
lodger	eine Person, die bei einer
le/la sous-locataire	anderen Person zur Miete
مستأجر من مستأجر	wohnt, die selbst Mieter
مستأجر ثالث	derselben Wohnung oder
	desselben Hauses ist

unverzüglich	
immediate	
immédiat	sofort
دون إبطاء	
فوراً	

der **Verdienstnachweis**	
statement of earnings	eine → **Bescheinigung**, wie viel Geld eine Person pro Monat bekommt
l'attestation de revenus	
إثبات الدخل	
گواهی درآمد	

vermieten	
to rent (out)	jemandem erlauben, in einer Wohnung oder einem Haus zu wohnen, und dafür monatlich Geld bekommen
louer	
يستأجر	
اجاره دادن	

der **Vermieter**, die **Vermieterin**	
landlord, landlady	eine Person, die erlaubt, dass jemand in ihrer Wohnung oder ihrem Haus wohnen darf, und dafür monatlich Geld bekommt
la personne louant un appartement	
مؤجر(ة)	
موجر	

die **Vorauszahlung**	
advance payment	eine Zahlung für die → **Nebenkosten**, die man macht, bevor diese Kosten entstehen
le paiement anticipé	
دفع مسبق	
پیش‌پرداخت	

der **Vormieter**, die **Vormieterin**	
previous tenant	die Person, die vor dem Umzug eines Mieters in derselben Wohnung oder demselben Haus gewohnt hat
le locataire précédent, la locataire précédente	
مستأجر(ة) سابق(ـة)	
مستأجر قبلی	

die **Warmmiete**	die Kosten für die Miete plus die Kosten für Heizung, Strom, Wasser und Müllabfuhr
rent including utilities	
le loyer avec charges comprises	
قيمة الإيجار شاملة التكاليف الإضافية	
اجاره‌بها (با هزينهٔ شارژ)	

der **Waschmaschinen- anschluss**	der Platz an der Wand, wo es Wasser für die Waschmaschine gibt
washing machine connection	
l'installation pour la machine á laver	
وصلة غسالة الملابس	
شير اتصال ماشين لباسشويى	

das **WC**	ein Raum mit einer Toilette
toilet	
les W.-C.	
مرحاض	
دستشويى	

der **Wohnberechtigungsschein**	ein Dokument, dass man Anspruch auf eine → **Sozialwohnung** hat
certificate entitling somebody to social housing	
l'attestation d'autorisation de résidence	
وثيقة رخصة للسكن	
مجوز سكونت در مساكن اجتماعى	

die **Wohnfläche**	die Größe einer Wohnung oder eines Hauses in Quadratmetern
living space	
la surface habitable	
مساحة المسكن	
مساحت مسكونى	

der **Wohnraum**	
living space	ein Raum, der als Wohnung genutzt wird
le logement	
مسكن	
فضای مسکونی	

die **Wohnungsanzeige**	
advertisement for apartment	eine schriftliche und meistens öffentliche Information über eine freie Wohnung oder ein freies Haus
l'annonce pour le logement	
إعلان للشقق	
آگهی اجاره یا خرید و فروش آپارتمان	

die **Wohnungsübergabe**	
handover of appartment	die Aktion, bei der der Zustand einer Wohnung oder eines Hauses geprüft wird und meistens auch die → **Schlüsselübergabe** stattfindet
la remise des clés de l'appartement	
تسليم أو إسنلام الشقة	
تحویل منزل	

das **Wohnungsübergabe-protokoll**	
apartment handover report	ein Dokument, in dem der Zustand einer Wohnung oder eines Hauses bei der → **Wohnungsübergabe** genau beschrieben ist
le procès-verbal concernant l'état des lieux	
محضر تسليم المسكن	
پروتکل تحویل منزل	

der **Wohnungswechsel**	
change of address	der Umzug in eine andere Wohnung
le déménagement	
تغيير المسكن	
تعویض محل سکونت	

das **Wohnzimmer**	der Raum in einer Wohnung, in dem man sich vor allem zur Unterhaltung und Entspannung aufhält
living room	
la salle de séjour	
صَالُون	
اتاق نشیمن	

zentral gelegen	in der Nähe des Zentrums einer Stadt oder eines Dorfes
centrally located	
situé dans le centre	
متواجدة في وسط المدينة	
در محدودهٔ مرکزی شهر	

zzgl. = zuzüglich	plus
plus	
en plus	
مضاف إليه	
به اضافةً	

Die Kündigung hat in schriftlicher Form zu erfolgen.	Wenn der Mieter den → **Mietvertrag** beenden will, muss er den Vermieter darüber mit einem Brief informieren.
Die Wohnung befindet sich in ordnungsgemäßem Zustand.	Es brauchen keine Reparaturen gemacht zu werden.
Heizkosten sind in der Warmmiete enthalten.	Mit der Miete sind auch schon die Kosten für die Heizung (und auch für Strom, Wasser und Müllabfuhr) bezahlt.
Über Vorauszahlungen für Betriebskosten ist jährlich abzurechnen.	Am Ende des Jahres bekommt der Mieter Geld zurück, wenn er sparsam bei den → **Nebenkosten** war, sonst muss er noch Geld bezahlen.

Abkürzungen

ABH	die **Ausländerbehörde**
AC	das **Assessment-Center**
AG	der **Arbeitgeber**, die **Arbeitgeberin**
ALA	das **Ausländeramt**
ALG	das **Arbeitslosengeld**
ALG II	das **Arbeitslosengeld II**
AN	der **Arbeitnehmer**, die **Arbeitnehmerin**
ARE	die **Ankunfts- und Rückführungseinrichtung**
AsylbLG	das **Asylbewerberleistungsgesetz**
AsylG	das **Asylgesetz**
AufenthG	das **Aufenthaltsgesetz**
AufenthV	die **Aufenthaltsverordnung**
AufnG	das **Aufnahmegesetz**
AV	die **Arbeitslosenversicherung**
Az.	das **Aktenzeichen**
BA	die **Bundesagentur für Arbeit**
BAMF	das **Bundesamt für Migration und Flüchtlinge**
BÜMA	die **Bescheinigung über die Meldung als Asylsuchender**
EAE	die **Erstaufnahmeeinrichtung**
eAT	der **elektronische Aufenthaltstitel**
EU	die **Europäische Union**

EWR	der **Europäische Wirtschaftsraum**
FOS	die **Fachoberschule**
GKV	die **gesetzliche Krankenversicherung**
GU	die **Gemeinschaftsunterkunft**
GÜB	die **Grenzübertrittsbescheinigung**
IdNr.	die **steuerliche Identifikationsnummer**
IHK	die **Industrie- und Handelskammer**
JMD	der **Jugendmigrationsdienst**
Ki.Frbtr.	der **Kinderfreibeitrag**
KiTa	die **Kindertagesstätte**
KV	die **Krankenversicherung**
LRA	das **Landratsamt**
MBE	die **Migrationsberatung für erwachsene Zuwanderer**
NK	die **Nebenkosten**
PKV	die **private Krankenversicherung**
PLZ	die **Postleitzahl**
PV	die **Pflegeversicherung**
RV	die **Rentenversicherung**
RVNR	die **Rentenversicherungsnummer**
StKl.	die **Steuerklasse**
VWL	die **vermögenswirksamen Leistungen**
ZAB	die **Zentrale Ausländerbehörde**